Roger Peeters

Finde die richtige Aktie

Roger Peeters

Finde die richtige Aktie

Ein Profi zeigt seine Methoden

FinanzBuch Verlag

Bibliografische Information der Deutschen Bibliothek:
Die Deutsche Bibliothek verzeichnet diese Publikation in der Deutschen Nationalbibliografie; detaillierte bibliografische Daten sind im Internet über http://dnb.ddb.de abrufbar.

Lektorat: Natascha Lenz-Trautmann
Druck und Bindung: Druckerei Joh. Walch, Augsburg
Satz/Layout: satz & repro Grieb, München
Covergestaltung: Pamela Günther

1. Auflage 2008

FinanzBuch Verlag GmbH
Nymphenburger Straße 86
80636 München
Tel. 089/65 12 85-0
Fax 089/65 20 96
info@finanzbuchverlag.de

Für Fragen und Anregungen:
peeters@finanzbuchverlag.de

ISBN 978-3-89879-360-5

Für Tatjana, Cédric Nicolas, Charlene Sophie und Jolina Zoe.
Danke, dass Ihr so seid, wie Ihr seid.

Inhalt

Vorwort

Liebe Anleger,

»Stock Picking«, also der Investmentansatz über eine gezielte Auswahl von aussichtsreichen Aktien, stand in den vergangenen Jahren aus mehreren Gründen nicht im Mittelpunkt des Interesses von Investoren: So sorgte die seit 2003 andauernde Rally des Gesamtmarkts, die den deutschen Leitindex DAX von einem Stand von ca. 2.200 Punkten bis zeitweise über 8.000 Zähler katapultiert hat, für eine berechtigte Bequemlichkeit unter den Börsianern: Warum mühsam nach lukrativen Einzelwerten schauen – so eine durchaus angemessene Frage –, wenn ein blankes Indexzertifikat eine stattliche Rendite sichert?

Darüber hinaus drängen alternative Asset-Klassen in die Portfolios der institutionellen und privaten Anleger. Edelmetalle, Rohstoffe und Devisen sowie Beteiligungen an Private-Equity-Fonds und Hedgefonds gewinnen rasant an Bedeutung und verdrängen die einfache Aktie aus den Depots. Sehr häufig partizipieren Investoren indirekt über Zertifikate von diesen »neuen« Märkten und generell ist zu konstatieren, dass der Zertifikate-Boom ein weiterer Schuldiger für die neue Aktienmüdigkeit ist.

Wenn das Deutsche Aktieninstitut (DAI) eine für die boomenden Märkte nicht nachvollziehbare traurige Aktionärszahl veröffentlicht – so sank im zweiten Halbjahr 2007 die Anzahl der deutschen Aktionäre um 571.000 auf nur noch 3,8 Millionen und damit auf den niedrigsten Stand seit 1996 – und die Zertifikatebranche seit Jahren eine Rekordzahl nach der anderen veröffentlicht, fällt es schwer, hier keine Substitution zu sehen.

Ist der freie, einzelne, autarke Aktionär eine vom Aussterben bedrohte Spezies? Wird der Handel mit einzelnen Aktien irgendwann eine Nischentätigkeit für Freaks sein? Die Frage lässt sich mit einem ebenso entschiedenen wie fundierten »Nein« beantworten. Der Boom der vergangenen Jahre war eine Gegenreaktion auf den New-Economy-Crash und wird sich in der Breite so nicht fortsetzen. Indexzertifikate könnten somit deutlich an Bedeutung verlieren, das »Perlensuchen« am Aktienmarkt wieder an Relevanz gewinnen. Auch bei den Rohstoffen sollten Sie davon ausgehen, dass keine unbegrenzte Verlängerung der Hausse ansteht. Bedenken Sie, dass die Preisexplosion durch Knappheit hervorgerufen wurde, die wiederum durch den schnell gewachsenen »Appetit« der Schwellenländer begründet ist. Auf diese Knappheit folgen irgendwann zwangsläufig eine sinkende Nachfrage, weil es sich nicht mehr rentiert, das Gut zu kaufen, oder ein erhöhtes Angebot durch mehr Ackerflächen für Agrargüter und regenerative Energien als Öl-Ersatz.

Aktien sind da deutlich flexibler, da sie den Einstieg in jede nur vorstellbare Branche ermöglichen. Auch werden Zertifikate die Aktien nicht verdrängen. In Teilbereichen wie etwa dem Besetzen von exotischen Märkten, in denen ein Aktienhandel für Privatanleger unmöglich ist, haben sie durchaus ihren Sinn; ihre verschachtelte und für Banken überaus lukrative Struktur gibt ihnen jedoch einen echten Nachteil mit auf den Weg.

Zudem kannibalisieren Zertifikate den Direktkauf von Aktien praktisch ausschließlich im Blue-Chip-Bereich. Nebenwerte können fast ausnahmslos nicht durch Zertifikate »gedeckt« werden. An der Notwendigkeit der richtigen Auswahl ändert sich übrigens nichts, wenn Sie die Rendite eines bestimmten Dividendentitels mit einem Bonuszertifikat optimieren wollen. Lapidar gesprochen ist es viel lukrativer, die richtige Aktie zu kaufen als für einen falschen Wert das richtige Derivat. Kurzum: Es wird in den kommenden Jahren kein Nachteil sein, das Depot individuell mit Aktien zu bestücken und zu managen.

Gestatten Sie, dass ich mich Ihnen kurz vorstelle. Mein Name ist Roger Peeters, ich wurde 1973 geboren und beschäftige mich mehr als mein halbes Leben mit der Börse. Im Sommer 1999 heuerte ich beim Informationsdienst Platow an. Von April 2000 leitete ich acht Jahre lang die Redaktion der »Platow Börse«. In dieser Funktion brachte ich in Zusammenarbeit mit der Deutschen Bank den Aktienfonds »DB Platinum III Platow« auf den Markt und berate ihn vom Start weg. Seit April 2008 bin ich Vorstand der Close Brothers Seydler Research AG. Sie sehen, all mein Schaffen hat mit der Analyse, der Auswahl und der Besprechung von Aktien zu tun.

Ich wälze im Jahr hunderte Jahresabschlüsse, zahllose Quartalsberichte, Ad-hoc-Mitteilungen und Analystenstudien und führe jede Woche mehrere Gespräche mit Finanzvorständen und IR-Managern. Vollkommen losgelöst von der Marktsituation, kann ich jeden Tag aufs Neue behaupten, mein Hobby zum Beruf gemacht zu haben.

Den Werkzeugkoffer, den ich im übertragenen Sinn jeden Tag mit zur Arbeit nehme, breite ich in diesem Buch aus. Ich werde Sie nicht mit naturgemäß vergänglichen Aussagen zum Marktgeschehen oder Einschätzungen zu bestimmten Aktien langweilen. Hier geht es nicht um die Fragestellung, was gerade jetzt angesagt sein könnte, sondern um die Ausrüstung, mit der Sie in Zukunft nach interessanten Werten Ausschau halten. Ich werde auf den kommenden Seiten erörtern, welche Kennzahlen ich für nützlich halte und welche nicht. Ich werde schildern, was ich bei der Lektüre einer Bilanz oder einer Ad-hoc-Mitteilung beachte. Ich werde ausführen, wofür Bankenstudien und Börsenpublikationen taugen und wofür nicht. Ich werde Ihnen darlegen, welche makroökonomischen Faktoren ich für relevant halte und wie diese den Wert Ihrer Aktien beeinflussen. Ich werde auf Timing-Strategien eingehen und am Ende des Buchs einige Faustregeln aufstellen.

All diese Ausführungen sind zutiefst subjektiv und in fast allen Aspekten immer nur einer der möglichen Wege. Widersprüche zu Leitfäden über Trading oder Index-Tracking sind ebenso selbstverständlich wie divergierende Meinungen anderer Marktakteure etwa zur Relevanz bestimmter Kennzahlen.

Es ist das Schöne an der Börse, dass es kein Universalmittel gibt. Die Offenlegung der Methoden, mit denen ich arbeite, soll Sie unterhalten und motivieren, über Ihre Vorgehensweisen am Markt nachzudenken. Wenn beides gelingt, haben Sie sich, mir und hoffentlich auch Ihrem Depot eine Freude bereitet. Doch genug der Vorrede, widmen wir uns den Methoden des Stock Picking, also der Suche nach interessanten Aktien.

Ihr
Roger Peeters

1 Investmentansätze im Überblick

Es gibt vielfältige Möglichkeiten, sich am Aktienmarkt zu engagieren. Sie können eine Lebensversicherung oder Riester-Rente abschließen, in denen Ihr Geld gegebenenfalls in Teilen am Aktienmarkt eingesetzt wird. Sie können Fondsanteile kaufen oder Zertifikate, die wiederum die Kursentwicklung von Aktien nachbilden. Und Sie können einzelne Aktien kaufen und sich Ihr Portfolio zusammenstellen. Das bringt Vorteile mit sich, birgt aber natürlich auch Risiken. Was mir an der Strategie des »freien Investierens« gefällt, werde ich Ihnen ausführlicher erörtern. Zum besseren Vergleich wird das Stock Picking, also das gezielte Kaufen einzelner Werte, in Relation zu anderen Vorgehensweisen gesetzt.

1.1 Dem Markt folgen

Immer dann, wenn die Börsen über mehrere Jahre in der Breite gut gelaufen sind, kommt Index-Tracking stärker in Mode. Beim Index-Tracking, das wahlweise über Index-Zertifikate oder Index-Fonds bewerkstelligt werden kann, kaufen Sie im übertragenen Sinn einen Index. Sie setzen also nicht auf die Wertentwicklung einer einzelnen Aktie, sondern folgen dem Aktienmarkt in der Breite. In haussierenden Phasen wie etwa der zweiten Hälfte der 1990er Jahre oder auch dem Zeitabschnitt von 2003 bis 2007 war diese Vorgehensweise sehr lukrativ. Sie konnten in beiden Perioden etwa mit DAX-Zertifikaten dreistellige Renditen erzielen und sich dabei Zeit, Mühe und Transaktionskosten sparen.

Abbildung 1: Entwicklung des DAX

Source: Thomson Datastream

Das Problem an dieser schönen Welt: In dieser theoretischen Form wird es keinem Anleger gelingen, die Sonnenscheinperioden abzupassen und nie im Regen zu stehen. Wenn Sie Anfang 2000 auf die Idee gekommen sind, doch mal im großen Stil Indexzertifikate zu kaufen, mussten Sie verflixte sieben Jahre lang warten, bis Sie Ihren Einstand wiedersahen. Das natürlich nur unter der Voraussetzung, dass Sie angesichts zwischenzeitlicher Buchverluste von nahezu drei Viertel des Einsatzes nie die Nerven verloren und verkauft haben.

Dass Sie Ihren Einsatz überhaupt wiedersehen, ist nicht so selbstverständlich, wie es viele Börsenratgeber suggerieren. Zwar ist grundsätzlich anzunehmen, dass marktbreite Indizes die entsprechenden Volkswirtschaften zu einem guten Teil widerspiegeln und somit auch ein Wert- bzw. Preiszuwachs zumindest auf Höhe des nominalen volkswirtschaftlichen Wachstums zu erwarten ist, doch können temporäre Übertreibungsphasen anschließend für einen gehörigen Kater sorgen, zumal irrationale Übertreibungsphasen immer erst im Nachhinein klar erkennbar sind. Der nachfolgend abgebildete Kursverlauf des japanischen Nikkei-Index spricht eigentlich für sich. Wer hier zum falschen Zeitpunkt, also 1989/1990, auf den seit Jahren sehr erfolgreichen japanischen Markt gesetzt hatte, dürfte sich mittlerweile endgültig vom Gedanken verabschiedet haben, seinen Einstand in diesem Leben wiederzusehen. Über Verzinsung in Form von Kursgewinnen sprechen wir nicht.

Abbildung 2: Entwicklung des Nikkei

Source: Thomson Datastream

Die japanische Misere ist umso bemerkenswerter, weil es hier nicht um irgendeine spekulative Nische geht, sondern um den kumulierten Marktwert der 225 wichtigsten börsennotierten Unternehmen der zweitgrößten Volkswirtschaft der Welt. Fast schon selbstredend, dass die Gefahren des Index-Tracking noch mal substanziell größer sind, wenn Sie auf spezielle, kleinere Indizes setzen. Zur Erinnerung: Der TecDAX als Nachfolgeindex des Nemax50 notiert heute etwa bei einem Zehntel des Höchstkurses seines Vorgängerindex. Ein Fiasko für jeden, der zum Zenit eingestiegen ist.

Doch bleiben wir beim Index-Tracking der großen Börsenbarometer. Das gezeigte Desaster des Nikkei ist zweifelsohne kein Normalfall, aber dennoch ganz sicher nicht »unwiederholbar«. Nehmen Sie die Börsen der größten Volkswirtschaft der Welt, den USA. Seit mehreren Jahrzehnten steigen die Börsenwerte hier kontinuierlich. Die beiden populären Indizes Dow Jones Industrial und S&P 500 notieren knapp unter dem Allzeithoch, was im Umkehrschluss bedeutet, dass kein Index-Tracker hier einen großen Verlust ausweisen kann. Das will im Aktienmarkt wirklich etwas heißen, garantiert aber keine Fortsetzung. Wie Sie in Abbildung 3 sehen, klafft zwischen der Preissteigerung (ich rede bewusst nicht von Wertsteigerung) des 500 Blue Chips umfassenden S&P-Index und dem volkswirtschaftlichen Wachstum eine sichtbare Lücke. Ein Schließen dieser Lücke wäre für Index-Tracker sicher wenig vorteilhaft.

Worauf ich mit diesen Beispielen hinaus will: In der Finanzpresse und in Börsenratgebern wird oft und gerne suggeriert, dass Anleger mit bloßem Index-Tracking kaum etwas falsch machen können. Das halte ich gelinde gesagt für gefährlich. Sie setzen sich mit Index-Tracking zu 100 Prozent dem Marktrisiko aus. Eine Reduzierung desselben können Index-Tracker nur mit einer variablen Verteilung von Indexinvestments zur Kassenquote erreichen, was aber wiederum eine aktive Beobachtung des Marktes mitsamt den richtigen Rückschlüssen erfordert. Zudem sind Indizes auch nicht immer sehr breit gestreut. Der DAX etwa umfasst nur 30 Werte. Wenn hier einzelne Branchen temporär sehr stark gewichtet sind, wie um die Jahrtausend-

Abbildung 3: S&P 500 und US-BIP im Vergleich

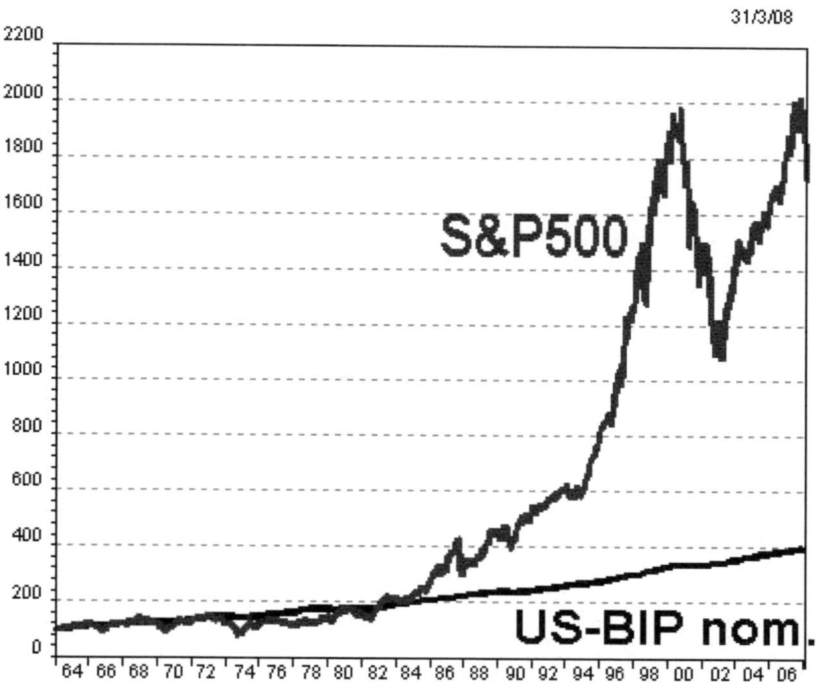

Source: Thomson Datastream

wende Technologie- und Telekommunikationswerte, können andere Werte starke Bewegungen der dominierenden Indizes nur bedingt ausgleichen.

Insgesamt bleibt zu konstatieren, dass Index-Tracking kostengünstig und sehr einfach durchzuführen ist, jedoch nicht als Selbstläufer verstanden werden soll.

1.2 Den Markt schlagen

Wenn der Markt in Gestalt der großen Indizes nun vielleicht nicht als das zeitlose Allheilmittel für das Depot angesehen wird, die zumeist positiven Entwicklungen der Indizes jedoch mitgenommen werden sollen, liegt es nahe, dem Markt in Teilen zu folgen. Eine Strategie, die für aktive Fonds vergleichsweise weit verbreitet ist.

Fondsmanager stellen ihren Fonds im Kern wie den Index zusammen, verpassen dem Konstrukt aber dann vereinzelte persönliche Nuancen. Das sieht dann in der Praxis etwa so aus, dass Aktie x, die im Leitindex mit 8 Prozent gewichtet ist, im Fonds einen Anteil von nur 6 Prozent hat, während Aktie y im Index nur 5 Prozent ausmacht, in besagtem Fonds aber auf 7 Prozent kommt. Gegenüber dem Vergleichsindex (bzw. der Benchmark) ist der Fondsmanager mit Aktie x untergewichtet und mit Aktie y übergewichtet. Entwickelt sich x eher schlecht und y eher gut und gehen auch andere Abweichungen vom Index überwiegend auf, könnte der Fondsmanager wahrscheinlich eine bessere Entwicklung als der Index erreichen. »Wahrscheinlich« schon alleine deshalb, weil der Fondsmanager alle anfallenden Kosten (Managementgebühren, Transaktionskosten, Depotkosten etc.) noch obendrauf verdienen muss. Eine Hürde, die nicht zu unterschätzen ist.

Wenig überraschend also, dass zahllose Manager den Anspruch, ein besseres Ergebnis als der Markt zu erzielen, nicht erfüllen können. Ergebnisse einzelner Studien zu diesem Thema variieren zwar in den Zahlen, kommen aber zumeist grob zum Schluss, dass in stark frequentierten Märkten 80 Prozent der Fondsmanager auf Dauer nicht den Markt schlagen. In weniger effizienten Märkten, etwa Emerging Markets, oder bei Nebenwerten, kann diese Relation zwar auf bis zu 50 Prozent steigen – ein Kinderspiel ist das »Schlagen« des Index jedoch ganz sicher nicht.

Dazu bleibt das Marktrisiko, das bei indexnahen Fonds kaum eliminiert ist. Bricht der Vergleichsindex um 30 Prozent ein und der Fondsmanager schafft es, in dieser Periode dem Index fünf Prozentpunkte abzunehmen, dann hat der Mann seine Aufgabe gut gelöst. Der generierte Verlust von 25 Prozent ist indes nicht jedermanns Sache. Derartige Erlebnisse betreffen übrigens nicht nur ausgewiesene »indexnahe« Fonds, sondern die meisten Aktienfonds, weil die in den Prospekten verankerten Statuten sehr häufig eine totale Abkehr vom Aktienmarkt nicht vorsehen. Privatanleger haben diese Probleme nicht, sie können in ihren Portfolios beispielsweise die Investitionsquote beliebig variieren. Ein klarer Vorteil. Diese Autarkie, sich an keine vorab starr definierten Statuten zu halten, sondern vollkommen frei zu agieren, ist natürlich auch bei der Aktienauswahl selbst möglich.

1.3 Sich losgelöst vom Markt bewegen

Die Freiheit, unabhängig vom Markumfeld nach chancenreichen Aktien zu suchen, betrachte ich als echtes Privileg eines Privatanlegers. Dies gilt ebenso in schwachen Marktphasen für die Suche nach günstigen Werten (die möglichst gering mit dem Markt korrelieren), wie auch in starken Phasen, bei Wetten auf »High-Beta-Stocks« (also Aktien, die die Bewegungen des Index besonders intensiv nachvollziehen). Dazu eine stärkere Marktabstinenz, wenn es gar nicht läuft. Das ist das ideale Verhalten an der Börse. Mit dem Begriff »ideal« klingt an, dass dies zu 100 Prozent kaum erreichbar ist. Machbar ist jedoch in jedem Fall die selbstbewusste und eigene Auswahl von Aktien – das Stock Picking.

Dieses individuelle Vorgehen halte ich für die Königsklasse der langfristig ausgerichteten Aktieninvestitionen. Natürlich ist das Vorgehen, selbst aussichtsreiche Aktien zu suchen und zu finden, extrem aufwändig. Zudem sind auch hier (wie immer an der Börse) Erfolge alles andere als programmiert, in Zeiten haussierender Märkte machen Stock Picker immer wieder schwere Phasen durch. Kommen Index-Tracker doch hier mit einem deutlich geringeren Aufwand zu zumeist besseren Ergebnissen. Doch auf lange Sicht rechnet sich der Einsatz. Ganz sicher auf der Habenseite haben Stock Picker das spannendere und erfülltere Börsenleben.

Die Auswahl der geeigneten Werte kann überaus vielschichtig erfolgen. Generell wird zwischen Top-down- und Bottom-up-Strategien unterschieden. Beim Top-down-Ansatz legen Sie erst eine grobe Marschroute fest, also etwa die Investition in ein bestimmtes Land oder eine spezifische Branche. Dem folgt die Auswahl der geeigneten Werte. »Bottom up« wiederum suggeriert, dass Sie sich zuerst auf der untersten Ebene, also bei den Einzelwerten, umschauen und hier die interessantesten aussuchen. Ich halte eine Kombination beider Verfahren für probat. Das Gerüst sollten einzelne gefundene »Rohdiamanten« sein, ergänzt werden kann und soll das Ganze mit über »Top down« ermittelten Werten, wenn es sehr starke Trends gibt. In den vergangenen Jahren wäre hier der Boom der Solaraktien zu nennen.

2 Stock Picking – Grundsätzliche Methoden

2.1 Grundsätze der Vermögensallokation

Zu Beginn dieses Kapitels möchte ich betonen, dass Kapitalanlage generell und die Anlage an Aktienmärkten im Besonderen höchst subjektive Bereiche sind, für die es keine objektive und allgemeine Richtschnur geben kann. Ein Anleger liebt Nervenkitzel und strebt nach hohen Renditen (und nimmt dafür auch hohe Risiken in Kauf), der andere will sein aufgebautes Vermögen noch bis zur nahenden Rente erhalten und peilt lediglich eine Verzinsung in Höhe der Inflation an.

Manche Investoren bauen sehr stark auf Aktien, andere sehen Dividendenpapiere allenfalls als Depotbeimischung. Kurzum: Es gibt nicht den idealen Aufbau eines Portfolios und ich will nicht den Eindruck erwecken, als könnte ich Ihnen hier Ideallinien vorzeichnen. Das Einzige, was ich kann und will, ist, Sie für ein paar grundlegende Zusammenhänge zu sensibilisieren.

2.1.1 Anzahl der Werte im Depot

»Don't put all eggs in one basket.« Auf die Börse übertragen heißt dieses Sprichwort, dass Sie nicht alles auf eine Karte setzen sollen. Anleger, die als einzige Aktie das Dividendenpapier der Deutschen Telekom im Depot hatten, können dies unterschreiben. Wenn es bei einem Wert schlecht läuft und dieser Wert Ihr komplettes Aktien-

Exposure ausmacht, stehen Ihrem Depot schlechte Zeiten bevor. Um das zu verhindern, wird das Kapital auf mehrere Werte verteilt. Die erzielte Risikostreuung reduziert die Gefahr für Ihr Depot erheblich. Je weniger die Aktien miteinander korrelieren, umso stärker ist der Diversifikationseffekt. Ein Depot mit einem Stahl-, Versorger- und Pharmatitel ist aller Logik nach ausgeglichener besetzt als ein Portfolio mit drei Stahlwerten. Losgelöst von der Renditeerwartung ist ein Mindestmaß an Verteilung des Aktienvermögens aus Risikogesichtspunkten unabdingbar.

So leicht nachzuvollziehen ist, dass eine oder zwei Aktien zu wenig sind, so wenig ist die Frage beantwortet, welche Anzahl denn wiederum optimal ist. Denn mit jedem neuen Wert sinkt zwar das rechnerische Risiko, doch sinkt im Gegenzug die Transparenz und Übersichtlichkeit. Und spätestens hier versagen die in Lehrbüchern gerne genannten Maßgaben, da hier eine überaus individuelle Entscheidung getroffen werden muss.

Die Frage, die der Anleger sich stellen muss, lautet: Wie viele Werte kann ich gleichzeitig seriös beobachten? Hiermit ist nicht gemeint, einmal am Wochenende auf den Kurs oder Chart zu schauen, sondern die Entwicklung von Aktie und entsprechendem Unternehmen zumindest grob zu verfolgen. Der Mimimalanspruch sollte nach meiner ganz persönlichen Auffassung bei durchschnittlich fünf Minuten in der Woche liegen, wohlgemerkt pro Wert. Wenn Sie Ihrem Depot jede Woche eine Stunde Aufmerksamkeit schenken, sollten Sie folglich nicht mehr als zwölf verschiedene Aktien besitzen. Diese Rechnung wird durch eine Beobachtungsliste modifiziert. Vor der Aufnahme eines neuen Wertes in Ihr Portfolio sollten Sie diesen nach verschiedenen Kriterien überprüft haben und im Normalfall auch über einige Zeit beobachten. Auch diese Zeit gilt es einzuplanen. Sie können nun, wenn Sie noch weitere Zeit für die Beobachtung der Märkte etc. einplanen, sehr schnell in die Lage kommen, dass Ihnen das Ganze mehr Zeit abnimmt, als Ihnen lieb ist. Somit sollten Sie das Ausmaß der Streuung von der für Wertpapierdispositionen zur Verfügung stehenden Zeit abhängig machen.

Folgende Faustformel sollte helfen, das Ganze näherungsweise zu bestimmen. Nehmen Sie die zur Verfügung stehende Zeit, teilen Sie diese durch zwei (weil Sie genauso viel Zeit in die Suche künftiger Depotbausteine investieren) und weisen jedem Wert besagte fünf Minuten zu. Wenn Sie nun eine Zahl errechnet haben, die Sie an einer Hand abzählen können, halte ich es zumindest für fragwürdig, ob Sie mit einer zweistelligen Anzahl Werte perfekt bedient sind.

Ein weiterer Punkt ist die abnehmende Qualität Ihrer Ideen: Wenn Sie drei Aktien durchleuchtet haben und bei einem Wert zur Auffassung kommen, dass hier die Chancen für künftige Kursgewinne mit Abstand am höchsten sind, dann ist es doch sehr bedenklich, wenn Sie um der puren Streuung willen das Kapital sicherheitshalber noch auf die »Plätze« zwei bis zwölf verteilen. Sie laufen dann ernsthaft Gefahr, Ihre mutmaßlich gute Idee zu verwässern.

Fazit: Bei der Anzahl der Depotwerte gilt es, Risikostreuung und Übersichtlichkeit in ein ausgewogenes Verhältnis zu bringen. Als grobe Richtschnur könnte eine Hausnummer von acht bis fünfzehn Werten dienen, bei denen Sie beide Effekte hinreichend beachten.

2.1.2 Haltedauer im Depot

Mit dem baldigen Wegfall der Steuerfreiheit auf Spekulationsgewinne, die in einer mehr als einem Jahr währenden Haltefrist erzielt wurden, geht sicher eine aus Anlegersicht dankbare Nische der Geldanlage verloren. Allerdings bleibt Investoren mit dem Wegfall der »Speku-Frist« ein potenzieller Stolperstein erspart. So unschön die Steuerrechtsänderung für Börsianer auch ist – der Wegfall der Frist sorgt dafür, dass zuweilen unsinnige Haltedauern von bestimmten Aktienpositionen ein Ende haben werden. Anleger, die eine Aktie einzig aus dem Grunde länger als geplant gehalten haben, weil sie die Steuerfreiheit der aufgelaufenen Gewinne erreichen wollten, und die dann mitangesehen haben, wie sich die Gewinne wieder auflösten, wissen, wovon ich spreche.

Worauf ich mit diesem Exkurs zur Steuer hinauswill: Es gibt immer Motive und externe Gründe, warum eine Aktie noch länger gehalten werden soll – etwa die Hoffnung auf eine bevorstehende Rally des Gesamtmarktes oder das Wiedererreichen des Einstandskurses bei Positionen, die unter Wasser notieren.

All das halte ich für wenig hilfreich. Es macht keinen Sinn, aus der Haltedauer die Entscheidung abzuleiten, ob eine Aktie wieder verkauft werden soll. Auch wenn ein Wert lange Zeit vor sich hindümpelt, reicht das noch nicht für eine Verkaufsentscheidung. Trennen sollten Sie sich ausschließlich dann, wenn Sie auch für die Zukunft stagnierende oder gar fallende Kurse erwarten oder das Kapital für

Abbildung 4: Entwicklung der Volkswagen-Aktie

Source: Thomson Datastream

eine mutmaßlich bessere Investition, die Sie »ausgegraben« haben, einsetzen wollen.

Noch fahrlässiger finde ich den Umgang mit Kurszielen. Das Erreichen eines Kursziels oder »fairen Werts« kann sicher (wie jeder Kursanstieg) zu einem Nachdenken über ein Engagement verleiten, sollte aber nicht überhastet zum Verkauf genutzt werden. In der Realität passen Analysten im Übrigen zumeist ihre Kursziele den Kursen an, und nicht umgekehrt, wie Beobachter annehmen könnten.

Ein populäres Beispiel für die schlichte Unkalkulierbarkeit der Reichweite einer Rally (weder zeitlich noch am Kursniveau gemessen) ist der Auftrieb, den die Volkswagen-Aktie seit dem Einstieg der Porsche AG erlebt hat (siehe Abbildung 4). Einigkeit bestand wohl unter allen Investoren, dass die Teilübernahme durch Porsche den Kurs beflügeln wird. Wie lange die aus dem Zukauf resultierende Rally dauern wird und in welche Dimensionen das Ganze die Volkswagen-Aktie hievt, hat indes wohl keiner erwartet.

Fazit: Dem Grundsatz nach gibt es keine ideale Haltedauer im Depot. Sinnvolle Investitionen können mehrere Jahre dauern, aber auch schon nach einigen Wochen abgeschlossen sein. Behalten Sie die nötige Flexibilität. Im Normalfall sollten Sie jedoch davon ausgehen, dass eine Spekulation (nicht zu verwechseln mit einem »Trade«) einige Monate minimale Halbwertszeit hat. Wenn Sie darauf wetten, dass der Markt die Unterbewertung einer bestimmten Aktie erkennen soll, dann ist es eine fast schon euphemistische Annahme, dass diese Erkenntnis sich wenige Tage nach Ihrem Einstieg im Markt durchsetzt. Generell sollten Sie der Maxime folgen »Gewinne laufen lassen, Verluste begrenzen« (siehe Kapitel 8).

2.1.3 Gewichtung der Asset-Klassen

Auch wenn sich dieses Buch ausschließlich mit dem Kauf und Verkauf von Aktien beschäftigt, will ich Sie an dieser Stelle abermals dafür sensibilisieren, dass die Kapitalanlage niemals ausschließlich auf Aktien basieren sollte. Zu einem strukturierten Vermögensaufbau gehören auch Renten und Immobilien, je nach individueller Präferenz kann das Portfolio zudem mit »Spezialitäten« wie Edelmetallen, Rohstoffzertifikaten oder etwa Optionen bestückt werden. Die Anteile der einzelnen Klassen können nur individuell festgelegt werden, doch einige Faustformeln lassen sich dennoch aufstellen.

So sollten Aktien – in der Regel die Papiere mit dem größten Risiko – nicht nur spekulativen, sondern auch tendenziell jüngeren Investoren vorbehalten sein. Der erste Punkt ist selbstredend, der zweite erklärt sich aus der hohen Schwankung von Aktienkursen und der schlecht im Voraus zu kalkulierenden Rendite, die Aktienanlagen aufweisen. Jemand, der jünger ist, hat einen längeren Zeitraum zur Verfügung, um Fehlentwicklungen zu glätten. In diesem Zusammenhang begegnen Sie in der Finanzpresse immer wieder einer Formel, die ich für eine sehr gute Näherung halte: Demnach soll der prozentuale Aktienanteil im Depot nicht höher sein als 100 minus dem aktuellen Lebensalter.

Nutzen Sie geringe oder sogar negative Korrelationen zwischen den Asset-Klassen. Dieser Leitsatz ist in den vergangenen Jahren ein wenig verloren gegangen, nicht zuletzt, weil die Überliquidität in den Märkten nahezu alle Vermögenswerte gleichzeitig verteuert hat. Dies ist nicht der Normalzustand. Üblicherweise entwickeln sich die Märkte weniger homogen, was Ihnen als Anleger nutzt. Ich halte es für eine probate Vorgehensweise, die Gewichtungen insgesamt nicht nur vom Risikoprofil und der persönlichen Situation abhängig zu machen, sondern auch den jeweiligen Marktphasen anzupassen. So laufen Rohstoffe gegenwärtig so gut wie seit den späten 1970er Jahren nicht mehr, dementsprechend sollten sie ganz anders akzentuiert werden als etwa vor zehn Jahren.

In jedem Fall bleiben Aktien unter allen Asset-Klassen die spannendste, aber auch arbeitsintensivste Gattung. Sie werden nicht umher kommen, Aktien am zeitnächsten zu verfolgen, am häufigsten umzuschichten und am akribischsten zu untersuchen. Um an die richtigen Aktien zur rechten Zeit und zum rechten Preis zu kommen, gibt es verschiedene Methoden. Die grundlegendste Unterscheidung ist die zwischen fundamentaler und charttechnischer Analyse.

2.2 Technische Analyse vs. Fundamentalanalyse

Der Unterschied zwischen technischer und fundamentaler Analyse lässt sich in einem kurzen Satz zusammenfassen: Bei der Fundamentalanalyse wird der Wert analysiert, bei der technischen Analyse das Verhalten der anderen Marktteilnehmer. Beide Methoden lassen sich im Prinzip in allen Märkten (Aktien, Renten, Devisen, Rohstoffe etc.) anwenden, beide Vorgehensweisen haben ihre volle Daseinsberechtigung, aber auch ihre Tücken, so dass es sinnvoll ist, beide Methoden kombiniert anzuwenden. Sie investieren nur dann, wenn »beide Ampeln auf grün springen«, also sowohl die Fundamentaldaten wie auch das Chartbild ein einladendes Bild aufweisen.

Sie sollten daher beide Arten der Analyse kennenlernen, sich aber vom Start weg einräumen, dass Sie nur einen Weg richtig gut beherrschen werden. Mir ist in meinem ganzen Leben noch kein hauptberuflicher Börsianer begegnet, der sowohl begnadeter »Fundi« als auch herausragender »Techniker« ist. Dennoch kennt sich jeder ein wenig in der Vorgehensweise der anderen aus, eben um die Ergebnisse abgleichen zu können. Auch ich versuche, meine fundamental abgeleiteten Entscheidungen immer noch einmal technisch zu überdenken. Weil die Charttechnik Vorzüge hat, die die Fundamentalanalyse nicht bietet.

2.2.1 Vorzüge der technischen Analyse

Technische Analyse kann – ohne die zahlreichen erfolgreichen und anerkannten technischen Analysten diskreditieren zu wollen – klar als der bequemere Weg umschrieben werden. Bei der technischen

Analyse setzen Sie im Prinzip darauf, dass die anderen Marktteilnehmer bereits einen guten Job gemacht haben. Sie vertrauen auf zwei Dinge:

1. Der Markt als die Summe der Transaktionen aller Börsianer hat recht und liefert Ihnen regelmäßig klare Muster, wie es weitergeht.

2. Ihre Fähigkeit, die Muster zu lesen. Idealerweise sind diese Muster, die sich aus mehreren Komponenten und Indikatoren zusammensetzen können, so eindeutig, dass der technisch versierte Investor sie erkennt, jedoch nicht so klar, dass alle anderen Anleger sich auf den Wert stürzen.

Die eingangs genannte »Bequemlichkeit« – oder nennen wir es besser Effizienz – hat zwei Facetten. Einerseits ist der Research-Ansatz ökonomischer; einhundert Charts zu analysieren geht in jedem Fall schneller, als die entsprechenden einhundert Bilanzen zu wälzen. Zudem sind Techniker definitiv Allrounder über alle Asset-Klassen, was ein Fundamentalanalyst kaum von sich behaupten kann. Vernünftige Charts und Indikatoren gibt es zu allen liquiden Märkten, gleich ob Aktien, Zins-Futures, Währungsparitäten, Edelmetalle oder andere Rohstoffe betrachtet werden. Somit hat die Spezialisierung auf die Charttechnik unschätzbaren Wert hinsichtlich der Flexibilität.

Unbrauchbar ist technische Analyse andererseits immer dann, wenn Märkte illiquide sind und dementsprechend wenig Marktteilnehmer die Trends vorzeichnen können. Auch Wertpapiere mit einer noch recht jungen Historie sind technisch kaum auswertbar.

Eine weitere aufziehende Gefahr für die technische Zunft sehe ich in der zunehmenden Computerisierung der Börse. Eben weil technische Analyse am besten frei von Emotionen geschieht und sehr mathematisch durchgeführt wird (anhand bekannter Muster aus der Vergangenheit wird die Wahrscheinlichkeit abgeschätzt, ob der beobachtete Wert steigt oder fällt) ist es naheliegend, dass gerade hier Computer immer mehr den Menschen ersetzen. Ähnlich wie der Mensch beim Schachspiel irgendwann nicht mehr mit den neuesten Generationen der Schachcomputer mithalten kann, könnte der massive Einsatz von vollautomatischen Handelsprogrammen, die kurzfristigen Trends folgen, viele rein technisch orientierte Akteure aus dem Markt drängen.

2.2.2 Vorzüge der fundamentalen Analyse

Die soeben genannte Gefahr durch Computersysteme, die Hedgefonds oder Banken nutzen, gibt es auch bei der fundamentalen Seite immer mehr. Genauso wie es vollautomatisierte Systeme gibt, die Aktien nach den Mustern im Chartbild kaufen oder verkaufen, gibt es Systeme, die nach festgelegten Kriterien aus der Fundamentalanalyse einsammeln, etwa Werte mit der höchsten Dividendenrendite kombiniert mit einem niedrigen Kurs-Buchwert-Verhältnis. Die Crux dieser Programme: Sie arbeiten nach Parametern, die nur objektiv bleiben, wenn es Vergangenheitsdaten sind. Die Schätzungen für zukünftige Unternehmensgewinne, überaus maßgeblich für Unternehmensbewertungen, sind hingegen subjektiv und alles andere als gewiss.

Und da an der Börse (zumeist) des einen Leid die Freud des anderen ist, sehen Sie, dass die Systemfehler der Handelssysteme eine mutmaßliche Gelegenheit für Fundamentalanleger sind. Denn wer durch akribische Analyse erkennt, dass die durchschnittliche Gewinnerwartung für eine bestimmte Aktie zu hoch oder zu niedrig ist, der hat eine hervorragende Chance, hier ansehnliche Renditen zu erzielen.

Die vielleicht größte Freiheit des fundamental ausgerichteten Investors ist die, sich gegen den Markt stellen zu können, eine eigene Meinung zu vertreten und diese dann umzusetzen. Natürlich könnte auch ein Techniker theoretisch seine Grundsätze über den Haufen werfen und in einem steilen Abwärtstrend kaufen. Er wird es aber nicht tun, weil er keine eigene Einschätzung zu dem Wert hat und dem Markt glaubt.

Wer fundamental Aktien durchleuchtet, hat die Möglichkeit, als »Contrarian« zu agieren. Kaufen, wenn niemand kaufen will, und verkaufen, wenn alle den Wert bejubeln. Das ermöglicht ihm die Chance, frühzeitig zu handeln und Bewegungen nicht erst dann mitzumachen, wenn alle im Becken schwimmen. Genauso ist er nicht auf liquide Märkte, in denen sich gut lesbare Charts entwickeln, angewiesen.

»Fundis« können und müssen permanent die Meinung und Richtung des Marktes hinterfragen. Sie sind tendenziell in Sektoren im Vorteil, in denen nicht schon viele andere Akteure die Richtung vorgeben. Sie haben die Chance, mit unerwarteten Ereignissen zu punkten, wenn sie frühzeitig die richtigen Schlüsse ziehen. Megatrends wie Internet, Biotech, Solarenergie oder vielleicht einmal Nanotechnologie wurden sicher von Fundamentalanlegern zuerst entdeckt.

2.2.3 Sinnvolle Kombination der Verfahren

Am Ende des Tages ist es sicher Geschmackssache, welche Vorgehensweise – Technik oder Fundamentalanalyse – einem Anleger besser zusagt. Es gibt halt (auch an der Börse) nicht den einen und einzigen Weg zum Erfolg. Ich denke jedoch, dass eine Kombination beider Verfahren, bei der Sie die eine Methode als Ihren Schwerpunkt nutzen und die andere zum Verfeinern ergänzen, in der Praxis recht häufig vorkommt. Auch ich gehe so vor. Ich versuche, mit meinen fundamentalen Überlegungen eine starke Einschränkung der Grundgesamtheit der in Frage kommenden Käufe zu erreichen und schließe bei der Endauswahl technische Kriterien mit ein. Basierend auf der kritischen Selbsteinschätzung, dass ich kein »Techniker« bin, belasse ich es bei diesem Gegencheck bei einigen groben Überprüfungen, die ich nachfolgend kurz ausführen möchte.

- Befindet sich die Aktie in einem langfristig intakten Aufwärtstrend? Wenn dies nicht der Fall ist, müssen schon sehr gute Argumente für einen Einstieg sprechen. Kurzfristige Schwächephasen (Abwärtstrends) sind kein Warnzeichen als solches, sollten Sie aber zur Überlegung veranlassen, ob es vielleicht nicht sinnvoller ist, noch einige Tage abzuwarten oder aber zumindest mit einem Staffellimit zu agieren.

- Wie sieht es um die relative Stärke aus? Kann sich der Wert besser entwickeln als andere Titel aus der Branche bzw. der Gesamtmarkt? Wenn er lediglich gleich performt oder sogar hinterherhechelt (also »mitgezogen« wird), dann ist es geboten, noch einmal die Fundamentaldaten genauer anzuschauen.

Auch beim Ausstieg gibt es sinnvolle Kombinationen von Technik und Fundamentalanalyse. So liefern Charts sinnvolle Warninstrumente, die ein Fundamentalcheck nicht ohne Weiteres erkennt. Negative Einflüsse vom Markt- oder Branchenumfeld werden im Kursbild natürlich deutlich offenbart, in der Einzelwertanalyse gehen sie hingegen verloren.

3 Auswahl von Aktien anhand qualitativer Kriterien

Es ist immer wieder bemerkenswert, welch sensationelle Treffer Investoren mit Entscheidungen »aus dem Bauch heraus« landen können. Ein beherzter Kauf eines Titels aufgrund des Wissens, dass die besagte Firma tolle Produkte herstellt oder atemberaubend schnell wächst, kann durchaus zu einem Volltreffer führen.

Das Ganze als Glück oder Zufall abzutun, halte ich für nicht angebracht. Ich würde es vielmehr mit einem »Händchen« beschreiben. Dieses geht aber meistens nur dann gut, wenn der betroffene Investor über einen soliden Background verfügt: So habe ich die Erfahrung gemacht, dass beispielsweise viele Mediziner gut Unternehmen aus den Sektoren Pharma oder Medtech beurteilen können, Menschen aus der IT-Branche ein Näschen für die Technologie-Highflyer von morgen haben etc. Erfolgreiche Manager, die selber ein Unternehmen aus dem Nichts hochgezogen haben, vermögen erfolgreiche Unternehmensneugründungen gut zu erkennen. Ich spreche bei den genannten Beispielen nicht davon, dass die Personen akribisch die Bilanz zerpflückt und diverse Bewertungsparameter angelegt haben. Vielmehr geht es um eine rein qualitative Würdigung des Geschäfts. Es ist zweifelsohne gefährlich, sich blind oder ausschließlich auf dieses »Näschen« zu verlassen. Schaden kann es aber nicht, zuweilen unkonventionell vorzugehen. Als Ergänzung zu einer quantitativen Prüfung über Kennzahlen kommt eine qualitative Prüfung der operativen Kräfte eines Unternehmens ohnehin in Frage.

3.1 Die Prüfung eines Geschäftsmodells

Die Börsenlehrbücher sind voll von langjährigen Erfolgsstorys wie etwa von McDonald's, Gillette oder Starbucks. Firmen also, die wachsende Märkte früh dominiert und ebenso konsequent wie stetig den Expansionspfad betreten haben. Unternehmen, die es geschafft haben, ihr Geschäft über viele Jahre hinweg zu vergrößern und die bewährte Erfolgsformel auch in neuen Märkten und neuen Regionen anzuwenden. Für Anleger lauern in solchen Entwicklungen massive Chancen.

Niemand soll jedoch davon ausgehen, dass er die enorme Kursperformance einer Microsoft-, Yahoo- oder auch SAP-Aktie vom Start

Abbildung 5: Entwicklung der Microsoft-Aktie

Source: Thomson Datastream

Abbildung 6: Entwicklung der Starbucks-Aktie

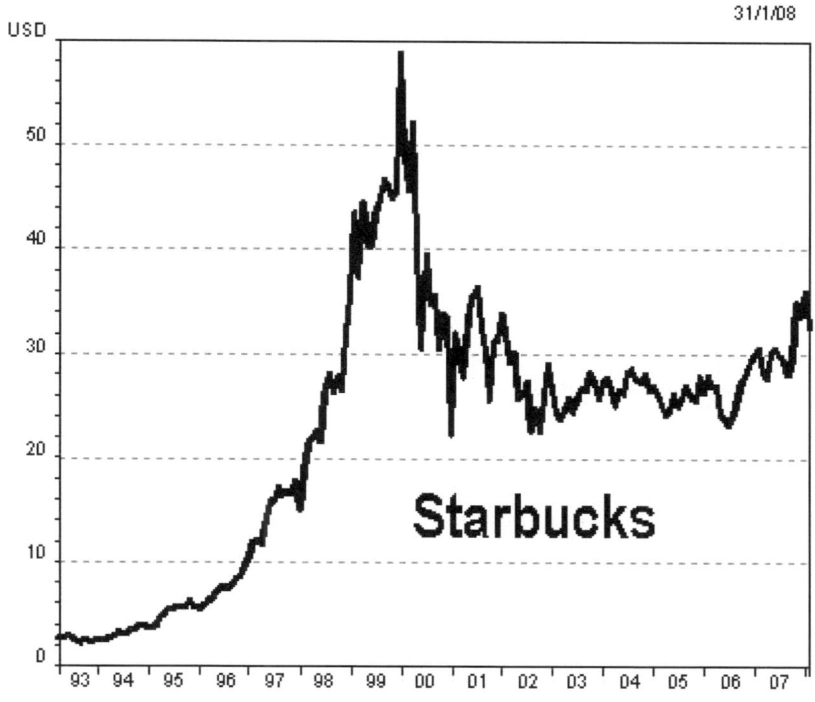

Source: Thomson Datastream

weg erkennen und somit den kompletten Werdegang von einer billigen Garagenfirma in seinem Depot »mitnehmen« kann. Was aber machbar und realistisch ist, ist die Begleitung eines wachsenden und aufstrebenden Unternehmens als Anteilseigner über einen durchaus längeren Zeitraum. Wer bei den genannten Werten (oder vielen anderen schnell und nachhaltig gewachsenen Unternehmen) erst mehrere Jahre nach dem Start eingestiegen ist, hat seinen Einsatz noch immer gewaltig gesteigert. Die Erfolgsformel für einen solchen Coup, wie ihn sich jeder Spekulant wünscht, liegt noch nicht einmal in hervorragender Zahlenanalyse. Vielmehr ist es relevant, frühzeitig vom funktionierenden Geschäftsmodell überzeugt zu sein.

Gerade in einem eher jungen Stadium hat ein Unternehmen noch sehr wenige Assets wie Finanzkraft, Kundenstamm oder Markenbekanntheit aufzuweisen. Oftmals liegt nur ein Produkt oder Konzept vor. Wer hier erkennt, dass der Speicherchip von Intel oder die Konzeption von Starbucks vor gigantischen Wachstumsschüben stehen, der kann eine ähnlich steile Fortentwicklung des Börsenwerts mitmachen. Eben weil in den frühen Stadien eine versierte Einschätzung der Erfolgshaltigkeit eines Geschäftmodells entscheidend ist, haben Branchenkenner einen natürlichen Vorteil, den sie auch ausspielen sollten.

Stellen Sie sich als Erstes die Frage, ob Sie aus eigener Kraft verstehen und einordnen können, wie das betroffene Unternehmen seinen Erfolgsweg pflastern will. Ist das operative Geschäft für Sie nur ein Buch mit sieben Siegeln, dann sollten Sie nicht versuchen, hier anhand des Geschäftsmodells die Spreu vom Weizen zu trennen. Biotech-Werte fallen wohl bei den meisten von uns durchs Raster.

Für die Einschätzung, ob das Unternehmen rasant wachsen wird, gilt es, den Markt zu sondieren und die Positionierung des Unternehmens auszuloten. So steht mittlerweile etwa völlig außer Frage, dass die Anbieter regenerativer Energiequellen vor gigantischen Wachstumsschüben stehen. Ob das für die Nummer 50 der Weltrangliste gleichermaßen gilt wie für die Nummer eins oder zwei darf ernsthaft bezweifelt werden, wenn nicht gigantische Pluspunkte in der Produktqualität eine künftige Aufholjagd rechtfertigen.

Wer in seiner Zunft auf dem Treppchen steht, verdient auch an der Börse Anerkennung. Wer Marktführer ist, hat die Qualität seiner Produkte, seines Vertriebs und seiner internen Abläufe unter Beweis gestellt. Wer noch nicht Erster ist, muss – um Marktanteile zu gewinnen – expandieren und investieren, was teuer werden kann. In großen Märkten gelten die Vorteile, die der Primus hat, sicher auch für die nachfolgenden Akteure, jedoch oft mit Abstrichen. Im Grundsatz gilt, dass marktführende Unternehmen gegenüber den Underdogs zu bevorzugen sind.

Doch ist Marktführerschaft nicht mehr als eine Worthülse, wenn sie sich nicht auf die Führungsposition in interessanten Märkten bezieht. Pfiffige Firmenlenker, die wissen, dass allein der Begriff des Marktführers für Interesse bei Investoren sorgt, wenden einen simplen Trick an, damit ihre Firma als Nummer eins durchgeht: Sie definieren den relevanten Markt so, dass sie ihn beherrschen. Je kleiner ein Markt ist, umso höher die Wahrscheinlichkeit ihn anzuführen. Die Produktschiene wird also spezifiziert, die relevante Region eingegrenzt, bis irgendwann auf diesem Wege die Führerschaft erreicht ist. Begegnen Sie deshalb unternehmenseigenen Angaben über eine Marktführerschaft mit Skepsis. Hinterfragen Sie, ob der entsprechende Sektor in seiner Größe interessant genug ist. Zudem sollte sich eine exponierte Marktstellung immer in erklecklichen Gewinnmargen bezahlt machen. Firmenlenker, die sich auf Hauptversammlungen angesichts ihrer erreichten Marktstellung bejubeln lassen, sollten schon sehr gute Argumente vorbringen, wenn keine zweistelligen Margen generiert werden. Darüber hinaus ist es wichtig, dass der relevante Markt robust ist.

Überhaupt ist bei der qualitativen Betrachtung eine Einstufung der Zukunftsfähigkeit der Produktpalette nicht zu unterschätzen. Dabei muss es nicht zwingend um bahnbrechende, technologische Neuerungen aus futuristisch anmutenden Branchen wie Nanotechnologie oder Brennstoffzellen gehen. Eingangs genannte Firmen wie McDonald's oder Starbucks haben die Produktion und den Vertrieb ganz banal anmutender Produkte, wie Hamburger oder Kaffee, perfektioniert. Für eine erste Abschätzung der Zukunftsfähigkeit eines Produkts bzw. der dahinterstehenden Firma hilft manchmal schlicht der blanke Selbsttest: Bietet mir oder meinen Kindern die Fastfood-Kette ein Essenserlebnis, das andere Anbieter in der Form nicht hinbekommen? Hilft mir die Suchseite Google besser als andere bei der Navigation durch das World Wide Web? Baut Daimler (dem Preis entsprechend) die besten Autos der Welt?

So wie Sie die Produktpalette mit einem gesunden Menschenverstand überprüfen können, sollten Sie auch in anderen Bereichen des

Unternehmens einige einfache Überlegungen anstellen: Hat das Unternehmen die Möglichkeit, seine Kapazitäten problemlos und schnell zu erweitern? Besteht die Möglichkeit, neue (Auslands-)Märkte zu erobern? Hat das Unternehmen unprofitable Geschäftsteile und Tochterfirmen? Kann und will es diese abstoßen (was tendenziell positiv zu werten wäre)? Stellen Sie ganz simpel und intuitiv die Fragen, die Sie sich auch stellen würde, wenn Sie als Unternehmensberater eingestellt wären und analysieren müssten, wo noch Verbesserungspotenzial ist.

Checkliste: Prüfung eines Geschäftsmodells

- Stellen Sie sich zuerst ganz kritisch die Frage, ob Sie wirklich verstehen, welche Produkte das Unternehmen herstellt und vertreibt und in was für einem Markt (gemessen an der Dynamik und am Wettbewerb) es tätig ist. Wenn Sie hier unsicher sind und sich stark auf den Rat Dritter verlassen müssen, sollten Sie keineswegs »nur« auf Basis qualitativer Kriterien investieren, sondern das Zahlenwerk besonders kritisch anschauen.
- Echte Überlegenheit gegenüber dem Wettbewerb ist zweifelsohne Ausdruck operativer Stärke und im Grundsatz ein Kaufgrund für einen Titel.
- Marktführerschaft wiederum hat nur dann einen Wert, wenn die Märkte groß und zukunftsträchtig sind.
- Einfache Überlegungen hinsichtlich der Qualität der Produkte, des Vertriebs, der Kostenstruktur oder der Portfoliozusammensetzung des Konzerns bringen bessere Erkenntnisse, als sich viele Anleger zutrauen.

3.2 Die Wandlungs- und Anpassungsfähigkeit eines Unternehmens

Es gibt dreißig Unternehmen, die im traditionsreichsten Aktienindex der Welt, dem Dow Jones Industrial, gelistet sind. Allesamt Firmen von Weltformat, wie etwa Citigroup, Intel, Microsoft oder McDonald's. Ins Leben gerufen wurde das Börsenbarometer am 26. Mai des Jahres 1896. Seinerzeit startete der Index mit zwölf Werten, 1916 wurde die Anzahl der Aktien auf zwanzig erhöht, seit 1928 gibt es dreißig Titel. Nur ein Unternehmen ist heute noch im Index enthalten: der Mischkonzern General Electric, der ein reichhaltiges Portfolio (von Turbinenbau über Medien bis hin zu einer gigantischen Finanzsparte) aufweist und sein Aussehen in der langjährigen Geschichte stets aufs Neue gewandelt hat. Die anderen Veteranen wurden allesamt aufgelöst, gingen in größere Firmen auf oder zählen schlichtweg nicht mehr zur ersten Reihe der börsennotierten Konzerne. So bestand beispielsweise die American Tobacco Company nur bis ins Jahr 1911, die American Cotton Oil Company wurde zu Bestfoods und ist heute Teil der europäischen Unilever. Die U.S. Leather Company wurde 1952 aufgelöst.

Was diese Beispiele zeigen sollen: Börsenpräsenz, Erfolg und Größe sind ebenso vergänglich wie der Ruhm auf dem Hollywood-Boulevard. Insbesondere wenn Sie sich langfristig an Unternehmen beteiligen, ist die Wandlungs- und Anpassungsfähigkeit ein nicht zu unterschätzendes Kriterium. Märkte ändern sich fortwährend und Unternehmen, die sich nicht anpassen, können schnell von der Bildfläche verschwinden.

Mischkonzerne wie General Electric haben naturgemäß einen Vorteil, da kaum anzunehmen ist, dass alle Geschäftssparten gleichzeitig in Märkten agieren, die keine Zukunft mehr haben. Die Kehrseite dieser Risikostreuung: Mischkonzerne partizipieren naturgemäß nur in kleinen Teilen, wenn eine Sparte richtig brummt. Das deutsche Vorzeigeunternehmen Siemens ist sicher ein gutes Beispiel für solch eine »Dauerbaustelle«, in der praktisch ausnahmslos immer ein Bereich mit Sorgen behaftet ist. Dennoch: Konzerne mit vielen Standbeinen, die zudem von Zeit zu Zeit ausgetauscht werden, sind unter qualitativen Gesichtspunkten ein sinnvoller Depotbaustein, insbesondere bei langfristigen Engagements.

Doch nicht nur Mischkonzerne sind »für die Zukunft gerüstet«. Ein Unternehmen muss nicht zwingend das Antlitz eines Gemischtwarenladens aufweisen, um als wandlungsfähig durchzugehen. Manchmal entpuppt sich ein Wechsel des kompletten Geschäftszwecks hin zu einer zukunftsweisenden Technologie als ein genialer Schachzug. Die Börse ist voll von populären Beispielen, wo eine 180-Grad-Wende hin zu etwas völlig Neuem mit deutlich steigenden Kursen belohnt wurde. Nehmen Sie etwa den Weltmarktführer für Mobiltelefone, Nokia. Das Unternehmen wurde bereits 1865 in der gleichnamigen Stadt als Papierfabrikant gegründet. In weiten Teilen des 20. Jahrhunderts fokussierte sich der nordeuropäische Konzern auf die Produktion von Kunststoffartikeln, etwa Gummistiefeln und Radreifen für Rollstühle. Anfang der 1980er Jahre nahm sich Nokia der Produktion von Autotelefonen an. 1987 wurde das erste Nokia-Mobiltelefon produziert. Der weitere Werdegang hin zu einem Konzern mit einem zwölfstelligen Börsenwert ist bekannt.

Auch der Strategiewechsel vom Röhrenkonzern Mannesmann hin zu einem überaus erfolgreichen Mobilfunkanbieter, der sein ursprüngliches Kerngeschäft nur noch als Beiwerk hielt, ehe die Gesamtgruppe für einen atemberaubenden Preis vom Konkurrenten Vodafone übernommen wurde, ist ein überaus prominentes Beispiel für einen sinnvollen Wandel hin zu neuen Technologien, der mit deutlichen Verbesserungen bei Umsatz, Gewinn und Börsenwert honoriert wurde.

Im Umkehrschluss sollten Sie jedoch nicht annehmen, dass jede Wende zu einem vermeintlich besseren Geschäftszweck ein Selbstläufer ist. Insbesondere der Small- und Mid-Cap-Sektor ist voll von Unternehmen, die recht wankelmütig in ihren Ausrichtungen sind und zu Recht dem Verdacht ausgesetzt sind, jedem (an der Börse mit hohen Bewertungen entlohnten) »Modehype« hinterher zu hinken. So gab es einige Unternehmen des Neuen Marktes, die sich, nachdem sie mit ihren Geschäftsmodellen gescheitert waren, gänzlich neuen Geschäften, zumeist Modethemen wie dem Umweltschutz oder dem Beteiligungsgeschäft, zugewandt haben. Wenn Firmenlenker auf der Jagd nach hohem Börsenwert jedoch ohne Branchenkompetenz von Modewelle zu Modewelle eilen, ist Vorsicht geboten. Der auf den ersten Blick radikalere Schritt (ebenfalls beim Niedergang des Neuen Marktes häufig festzustellen), Unternehmen komplett aufzulösen und die Kassenbestände an die Anteilseigner auszuschütten, war da vielfach die konsequentere und bessere Lösung. Wenn ein Unternehmen einen Radikalwandel hinlegen will, sollten Aktionäre auf der Hut sein und kritisch hinterfragen, ob das Management das Ganze hinbekommt. Evolutionäre Prozesse (wie sie etwa bei Siemens schon seit langer Zeit stattfinden) sind revolutionären Umwälzungen im Grundsatz vorzuziehen.

Der Wille allein, ein Unternehmen hin zu neuen Zukunftstechnologien zu führen und alte Zöpfe abzuschneiden, ist indes zu wenig, um einen Kauf zu rechtfertigen. Zu oft werden die falschen Entscheidungen, in welche Richtung das Schiff fortan steuert, gefällt. Oft

Abbildung 7: Die Aktien von TUI und Salzgitter im Vergleich

Source: Thomson Datastream

machen Vorstände den gleichen Fehler wie Anleger, indem sie zu spät auf eine Modewelle aufspringen. Infolgedessen kaufen sich die Firmen zu teuer in die falschen Branchen ein. Wenn es ganz schlecht läuft, werden im Gegenzug Teile abgestoßen, die besser im Portfolio geblieben wären.

Ein prägnantes Praxisbeispiel für diesen »Worst Case« ist die ehemalige Preussag AG. Die Unternehmensführung entschied sich, voll auf den vermeintlichen Wachstumsmarkt Tourismus zu setzen und den ungeliebten Stahl- und Röhrenbereich abzustoßen. Was diese »Modernisierung« zumindest bislang für den Aktionär gebracht hat, können Sie deutlich an den Charts der auf Tourismus fokussierten TUI und dem Stahl-Ableger Salzgitter erkennen. Auch bei der Abspaltung von Celanese (durch Hoechst) wurde das Kurspotenzial der vermeintlich hässlichen Tochter von vielen Anlegern deutlich unterschätzt.

Eine weitere radikale Form der Metamorphose ist das Einbringen eines nicht börsennotierten Unternehmens in einen sogenannten »Börsenmantel«, also eine mehr oder minder wertlose börsennotierte Unternehmung. Viele Firmen auf dem Kurszettel wurden auf diese Weise »neu geboren«. An die Geschichte erinnert (wenn überhaupt) nur noch der Name. Mantelspekulationen, also der Handel mit eben diesen fast wertlosen Aktien aufgrund der Hoffnung, dass sich ein Mantelkäufer findet, war lange Zeit eine auf dem Parkett beliebte Disziplin. Ich denke, diese Form der Spekulation wird in Deutschland immer weiter verschwinden, da es mittlerweile deutlich billigere Wege zum Listing gibt und steuerliche Gestaltungsspielräume (Nutzung der Verlustvorträge) immer mehr eingeschränkt wurden. Fazit: Es gibt interessantere Formen der Spekulation.

Checkliste: Wandlungsfähigkeit eines Unternehmens

- Ein Unternehmen, das eine langjährige Tradition zur Wandlungsfähigkeit unter Beweis gestellt hat, ist tendenziell gegenüber einer Firma vorzuziehen, die immer alles nur auf eine Karte gesetzt hat. Hier geht es aber eindeutig um langjährige Entwicklungen.
- Evolution geht über Revolution. Eine mehr oder minder über Nacht getroffene Entscheidung, sich komplett einem neuen Geschäft zuzuwenden, erscheint fragwürdig. Es ist zumeist die überlegene Strategie, neue Felder behutsam aufzubauen und an die alten ranzuführen. So kann die Firma den Beweis erbringen, dass sie auch im neuen Feld Erfolg hat. Das Positivbeispiel Mannesmann zeigt, wie es idealtypisch abläuft.
- Firmenlenker, die effektheischend hinter Modetrends herlaufen und Konzerne zu oft umbauen, sind nicht vertrauenswürdig.
- Mantelspekulationen kommen zu Recht immer mehr aus der Mode. In Einzelfällen sind sie für professionelle Anleger eine Überlegung wert, konventionelle Privatanleger sollten hier außen vor bleiben.

3.3 Die Rolle der Protagonisten

Beim Fußball wird gerne davon gesprochen, dass die Mannschaft der Star sei. Zur Motivation der Spieler ein ganz nettes Statement, jedoch leider nicht allzu nah an der Wirklichkeit. Wenn der Einfluss einzelner Akteure sehr begrenzt ist, stellt sich die Frage, warum manche Vereine substanzielle Anteile ihres Budgets in die Ablösesumme für einen bestimmten Mittelstürmer investieren oder bei der kleinsten Spur von Misserfolg mit der Entlassung des Trainers reagieren.

Bei börsennotierten Unternehmen ist die Situation nicht deutlich anders gelagert. Die Abhängigkeit von bestimmten Personen, vornehmlich auf Vorstandsebene, ist nicht zu unterschätzen. Aus mehreren Gründen sollten Sie die Arbeit und den Verbleib der Führungscrew kritisch im Auge behalten. So erschaffen langjährige Firmenlenker oftmals Gebilde, die nach ihren Präferenzen aufgebaut wurden und mit ihren Vertrauten besetzt sind. Scheidet der Lenker nun aus, könnte ein Machtvakuum entstehen, was dem operativen Geschäft abträglich ist. Zudem könnten weitere wichtige Personen ebenfalls ihren Abschied nehmen. Idealer Zustand ist eine klare Bindung der Führung an den Konzern (etwa über Beteiligungen) und eine Struktur, die dennoch das Schlüsselpersonenrisiko minimiert.

Die Beteiligung des Vorstands am Unternehmen ist ohnehin im Auge zu behalten. Zweifelsohne ist eine substanzielle finanzielle Beteiligung ein ebenso gutes Zeichen wie Aktienkäufe (»Directors' Dealings«), doch ist es nicht unbedingt vorteilhaft, wenn der Vorstand die Mehrheit des Aktienkapitals besitzt und somit den Aufsichtsrat, der ihn kontrollieren soll, im Griff hat. In solch einer Konstellation ist zu befürchten, dass Minderheitsaktionäre – also Sie – übervorteilt werden.

Unabhängig vom Know-how, der Vernetzung im Unternehmen und dem Aktienanteil kann die persönliche Ausstrahlung eines Firmenlenkers oder Finanzvorstandes im Guten wie im Bösen für die Kursfindung relevant sein. Bedenken Sie: Die entscheidenden Marktakteure, etwa die Manager großer Aktienfonds, sind auch nur Menschen und werden eher Aktien von eloquenten, dynamischen und charismatischen Vorständen kaufen. Insofern dürfen Firmen, die von sehr überzeugenden Personen geführt werden, einen kleinen Bewertungsaufschlag genießen.

Fazit: Stellen Sie sich insbesondere bei langfristig ausgerichteten Engagements sowie bei Investitionen in kleinere und mittelgroße Werte grundsätzlich die »Gebrauchtwagenfrage«. Sollten Sie der Auffassung sein, dass Sie dem Firmenlenker bzw. der Firmenlenkerin nicht die notwendige Solidität und Ehrbarkeit zutrauen, Ihnen zu fairen Konditionen ein Automobil zu verkaufen, dann sollten Sie nicht im Traum daran denken, diese Person damit zu beauftragen, Ihr Kapital treuhänderisch zu mehren (nichts anderes machen Vorstände börsennotierter Unternehmen mit dem Vermögen der Anleger). Doch überziehen Sie im Umkehrschluss nicht die »Sympathiefrage«. Nur weil der Vorstand ein netter Kerl ist oder kompetent wirkt, ist die Aktie noch kein Kauf.

- Zu beachten sind neben der Ausstrahlung zweifelsohne auch die Zuverlässigkeit bei Prognosen, die Entschlossenheit im tagtäglichen Vorgehen und die persönliche Verpflichtung gegenüber dem Aktienkurs in Form von Directors' Dealings. In keinem Fall sollte eine Aktie ausschließlich gekauft werden, weil etwa Vorstand Hugo Schmidt neu ins Unternehmen kommt und Schmidt bei seinen bisherigen Stationen großen Erfolg aufweisen konnte. Spätestens an dieser Stelle muss überlegt werden, ob Schmidt auch für die neue Herausforderung die gleichen Voraussetzungen im Unternehmen vorfindet und ihm die (eventuell neue) Branche liegen wird.

3.4 Moden kommen und gehen, sollten aber nicht verpasst werden

Wer unsicher ist, ob er die »Qualität« von Geschäftsmodellen effizient einordnen bzw. voneinander abgrenzen kann, kann eine alternative Vorgehensweise wählen, indem er schlicht dem Strom der Massen folgt. An der Börse gibt es kaum einen anderen Mechanismus, bei dem Aufwand und Ertrag in einem ähnlich günstigen Verhältnis zueinander stehen wie beim Folgen breiter Trends. Das Instrumentarium der Charttechnik basiert letztlich auf dieser Vorgehensweise (siehe Kapitel 2.2.1) und auch beim Zusammensetzen eines Depots bzw. nach qualitativen Kriterien liefert die breite Masse der Anleger sinnvolle Indikationen.

Wenn eine Branche, eine Region oder auch ein ganzes Börsensegment (wie etwa einst der Neue Markt) die Massen begeistern und sich aus einer Modebranche eine Spekulationsblase bildet, dann eröffnet das für den Investor gigantische Chancen, aber auch exorbitante Risiken. Gleich ob es um die »Tulpenzwiebelmanie« im 17. Jahrhundert geht, die »Südsee-Blase« im 18. Jahrhundert, den deutschen »Gründerboom« im 19. Jahrhundert oder auch um die Internet- und Technologie-Blase zur Jahrtausendwende: Wenn Aktien und sonstige Wertpapiere oder fungible Vermögensanlagen von breiten Massen entdeckt werden und Ihnen jeder Taxifahrer erklären kann, warum man jetzt bei diesem Boom dabei sein müsse, dann ist klar, dass diese Blase platzt. Das Problem: Niemand weiß, wann die Trendwende einsetzen wird. Der Übergang vom rationalen Boom, in dem die gesteigerte volkwirtschaftliche Relevanz eines Sektors mit überproportionalen Kurssteigerungen honoriert wird, hin zu einem »Hype«, bei dem es nicht mehr um nachvollziehbare Bewertungen geht, ist ausgesprochen fließend. Ebenfalls gibt es keine klaren Abgrenzungen, welcher Bereich zum Boom taugt und welcher nicht. Hätten Sie etwa gedacht, dass der von teilprivatisierten Ex-Monopolisten geprägte Telekommunikationssektor Ende der 1990er Jahre massiv ausbrach (siehe Abbildung 8), um anschließend brutal zurückgeholt zu werden?

Abbildung 8: Entwicklung europäischer Telekommunikationswerte im Vergleich zum Euro Stoxx 50

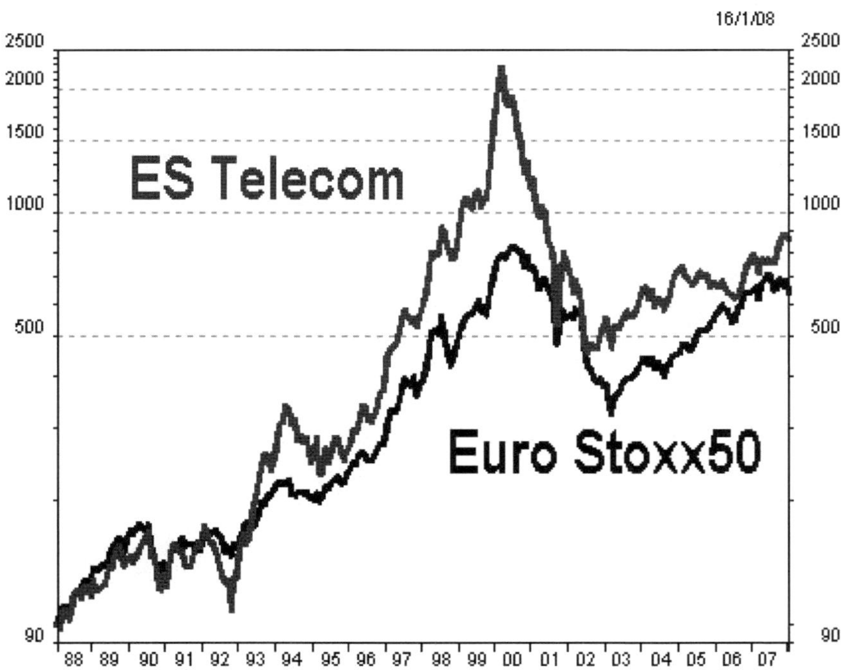

Source: Thomson Datastream

Abbildung 9: Entwicklung der Aktien aus dem Bereich regenerative Energien im Vergleich zum CDAX

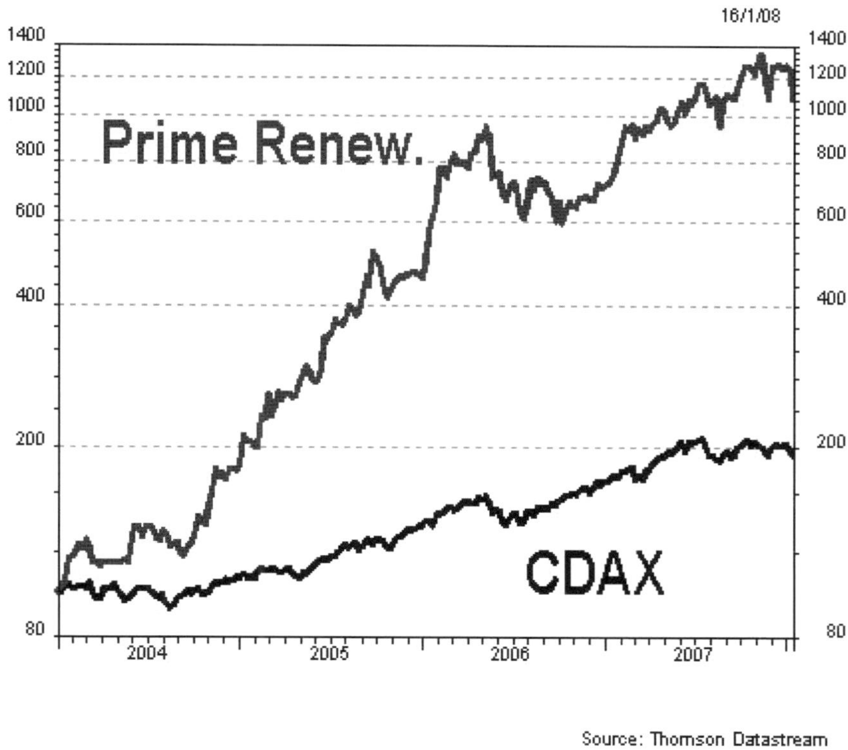

Doch Betrachtungen im Nachhinein sind, wie erwähnt, einfach durchzuführen und wenig zielführend. Ungleich schwieriger und lukrativer ist es, eine Boombranche (möglichst frühzeitig) auszumachen und rechtzeitig vor der Trendwende beim Aktienkurs wieder den Ausstieg zu finden. Ebenso herausfordernd ist die Unterscheidung zwischen dem dynamischen Wachstum eines Sektors, das sich in angemessenen Kursanstiegen widerspiegelt, und einer Bewertungsblase, in der die Kurse vollkommen über das angemessene Niveau hinausschießen. Versuchen wir uns dieser ebenso schwierigen wie wichtigen Unterscheidung über ein Beispiel zu nähern.

Wie Sie in Abbildung 9 erkennen können, haben sich die Aktien von Unternehmen aus dem Bereich regenerativer Energien in den vergangenen Jahren exzellent entwickelt und auch in einem haussierenden Marktumfeld die meisten anderen Sektoren weit hinter sich gelassen.

Es kann sicher konstatiert werden, dass ein Boom oder sogar eine Übersteigerung vorliegt. Ob die Charts eine Übertreibung dokumentieren oder die Wertentwicklung angemessen ist, muss ebenso unbeantwortet bleiben wie die Prognose darüber, wie lange die Party noch laufen wird. So steht außer Frage, dass der Anteil der Energieerzeugung aus erneuerbaren Quellen weltweit stetig wachsen wird. Experten erwarten schon seit einiger Zeit, dass die Öko-Branche bereits in diesem Jahrhundert zum einem der größten Arbeitgeber Deutschlands wird und etwa den Automobilsektor in dieser Hinsicht überholen dürfte. Genauso unstrittig ist das wachsende Interesse an den entsprechenden Aktien, sowohl seitens der Finanzinvestoren als auch durch strategische Käufer. Stetig legen Banken und Vermögensmanager neue Fonds auf, die ausschließlich in regenerative Unternehmen anlegen, und auch konventionelle Vermögensverwalter kommen kaum noch an den »grünen Werten« vorbei.

Doch weist der Öko-Boom auch alle möglichen Schattenseiten auf, die eine Hausse mit sich bringt. So sind praktisch alle Aktien von Anbietern aus dem regenerativen Sektor nach fundamentalen Kennzahlen sehr hoch bewertet. Kurs-Gewinn-Verhältnisse von 40 oder 50 sind keine Ausnahme, sondern die Regel. Alleine die Zugehörigkeit zu dieser Branche rechtfertigt augenscheinlich Bewertungsaufschläge, so dass beispielsweise viele Maschinenbauer mit Kunden aus der Solarindustrie diese Seite ihres Geschäfts betont an die Öffentlichkeit bringen. Kaum heften sich die betroffenen Firmen Öko-Zeichen ans Revers, wird das Anlageinteresse an speziellen Themenfonds größer. Die logische Konsequenz: Etliche Firmen wollen diesen Bewertungsaufschlag mitnehmen, dadurch wird die Menge der börsennotierten Öko-Firmen nicht nur größer, sondern auch heterogener.

Auch abseits der Bewertungsfrage werden bei solchen Übersteigerungen wie bei Umweltaktien andere Grundsätze über den Haufen geworfen. So sind nicht nur die Gewinne in Relation zu den Börsenwerten hoch, auch ihr Zustandekommen wirft Fragen auf. Ein immens hoher Anteil staatlicher Subventionen ist die fragwürdige Basis vieler Öko-Unternehmen. Wohin ein Ausbleiben dieser Finanzmittel auch auf dem Kurzettel führt, konnten Sie beispielsweise bei den verschiedenen Anbietern von Biodiesel sehen.

Am Beispiel der Umweltwerte erkennen Sie das Grundphänomen solcher Übertreibungsphasen: Die Party macht allen Beteiligten ungeheuren Spaß, doch weiß jeder, dass ein übertriebener Rausch am Morgen danach zu einem noch heftigeren Kater führen kann. In der Zwickmühle, den größtmöglichen Spaß am Abend zu haben und gleichzeitig zu erkennen, wann das letzte Glas gehoben werden sollte, um auch den nächsten Tag genießen zu können, steckt ein Aktionär, der solch einen Boom mitmacht. Gegen die Teilnahme spricht nichts, doch sollte die Wachsamkeit deutlich erhöht und im Zweifelsfall auch ein Gewinn realisiert werden.

Checkliste: Das Ausspielen einer Mode

- Das Mitziehen bei einer Modewelle ist ein ungemein lukratives, aber auch gefährliches Vorgehen. Sie sollten sich immer bewusst sein, dass Sie auf einer Raserklinge reiten und dementsprechend aktiv und rational handeln. Wenn Sie sich in solchen Phasen in die entsprechenden Aktien »verlieben«, werden Sie dafür mitunter teuer bezahlen müssen.
- Beim Mitmachen eines Hypes sind Branchenfonds und -zertifikate eine überdenkenswerte Alternative, in jedem Fall sollte das Engagement in dem betroffenen Modesektor etwas diversifiziert sein. Sollten Sie in einer hochgejazzten Modebranche auf ein falsches Pferd setzen, so kann das mit einem besonders starken Absturz sehr teuer bezahlt werden.
- Achten Sie auf Warnsignale, die auf eine Übertreibung hindeuten: eine Vielzahl von neuen Unternehmen aus diesem Bereich auf dem Kurszettel, fundamental drastische Bewertungen (etwa dreistellige Kurs-Gewinn-Verhältnisse), zunehmende Verfehlungen der immer höheren Markterwartungen. Nehmen Sie diese Warnsignale wahr, müssen Sie Ihr Verhalten entsprechend angleichen: keine neuen Positionen eröffnen, Teilgewinne mitnehmen, nicht zu weit entfernte Verkaufsstopps setzen.

4 Auswahl von Aktien anhand quantitativer Kriterien

Kennzahlen sind einer der elementarsten Bausteine bei der Auswahl von Aktienengagements. Es gibt wahrscheinlich kaum einen Anleger, der sich nicht Gedanken darüber gemacht hat, ob (s)eine Aktie mit einem hohen oder niedrigen Kurs-Gewinn-Verhältnis (KGV) gepreist ist. So sinnvoll und notwendig die Nutzung von Kennzahlen auch ist: Hier lauern viele Fallstricke, über die Sie stolpern können. Viele Anleger haben auch deshalb etwa im Neuen Markt viel Geld verloren, weil sie zu lange davon ausgegangen waren, dass die entsprechenden Werte (basierend auf zu hohen Gewinnschätzungen) günstig seien. Andererseits finden Sie nirgendwo so »sachdienliche Hinweise«, ob eine Aktie günstig ist oder ein Unternehmen seinem Geschäft gut nachkommt, wie beim Blick auf das Zahlenwerk. Eine solide Betrachtung der wichtigsten Kennzahlen ist unerlässlich.

4.1 Darum ist die Arbeit mit Kennzahlen sinnvoll

Stellen Sie sich folgende Situation vor: Das Telefon klingelt, am anderen Ende der Leitung ist ein guter Bekannter, der sich ein neues Auto zugelegt hat und sich daran erinnert, dass Sie zurzeit selbst ein Auto kaufen wollen. Er schlägt vor, seinen Gebrauchtwagen an Sie zu verkaufen. Es gibt nur eine Frage, die offen ist, da Ihnen das Auto zusagt – jene nach dem Preis. Die Antwort, beispielsweise »12.000 Euro«, werden Sie dann danach beurteilen, ob das Fahrzeug diesen

Preis tatsächlich wert ist. Nur wenn Sie der Auffassung sind, dass Sie nicht zuviel bezahlen und Ihr Bekannter zugleich das erhält, was er als »fairen Wert« betrachtet, kommen Sie ins Geschäft. Praktisch täglich werden Sie mit diesem banalen Zusammentreffen von Angebot und Nachfrage konfrontiert, ob im Supermarkt oder im Restaurant.

Ausgerechnet beim Kauf von Aktien, wo es oftmals um ganz andere Beträge geht, werfen viele Anleger eine der einfachsten und wichtigsten Grundregeln (»Alles hängt am Preis«) über Bord. Da werden »heiße Tipps« einfach mal gekauft, weil das Geschäftsmodell überzeugend und der Vorstand eloquent sind. Häufig anzutreffen war dies in den Boomzeiten des Neuen Marktes, heutzutage ist dies etwa bei Solarwerten oder China-Aktien der Fall. Da werden aber ebenso Aktien verschmäht, die für weniger gehandelt werden, als Geld in den Kassen liegt, obwohl dazu noch ein profitables Kerngeschäft kommt, das die Kassen weiter füllt. Dieses Marktversagen war 2002 bis 2004 häufiger anzutreffen.

An der Frage, ob eine Aktie teuer oder billig ist, kommt kein Anleger vorbei. Ausnahmslos jede Aktie kann irgendwann zu teuer sein. Spätestens dann, wenn sich kein Abnehmer mehr findet, der bereit ist, einen höheren Preis zu zahlen, ist etwas falsch gelaufen. Im Umkehrschluss kann fast jede Aktie durch eine sehr günstige Bewertung interessant sein, wenn sie tief genug gefallen ist. Lediglich kurz vor dem Exitus eines Unternehmens macht ein Einstieg keinen Sinn mehr, um auf das Beispiel des Gebrauchtwagens zurückzukommen: Wenn nach einem Totalschaden der Transport zum Schrotthändler teurer als der Verwertungserlös ist, kann man einfach keinen guten Deal mehr machen.

Es besteht kein Zweifel: Sie kommen bei der Auswahl Ihrer Werte nicht daran vorbei, den Preis zu »checken«. Das geht, so Sie keine Wissenschaft daraus machen wollen, durchaus in einem vernünftigen Zeitrahmen. Das Internet und kostenlos verfügbare Datenbanken geben Ihnen heute fast paradiesisch umfangreiches Werkzeug zur Hand. Mit welchen bewertungsbezogenen Kennzahlen es sich gut arbeiten lässt und mit welchen es Schwierigkeiten gibt, lesen Sie in Abschnitt 4.3.

Aber nicht nur bei der Frage nach dem »fairen Wert« ist es sinnvoll, sich anzugewöhnen, die eine oder andere Zahl anzuschauen. Auch für eine von der Bewertung losgelöste Frage geben Ihnen Zahlen Hilfestellungen, auf die Sie nicht verzichten sollen, um das Risiko im Depot zu begrenzen: Unternehmensbezogene Kennzahlen geben einen guten Einblick, wie gut oder schlecht es bei einem bestimmten börsennotierten Unternehmen läuft.

Kommen wir zur Abgrenzung dieser beiden Kriterien, die in der Literatur öfter nicht sauber voneinander getrennt sind. Denken Sie an das Beispiel mit dem Gebrauchtwagen. Den über Kennzahlen zu ermittelnden Fahrzeugpreis, der für Sie interessant ist, finden Sie über die Schwacke-Liste. Wenn das Auto wie im Beispiel 12.000 Euro kosten soll, es auf der Schwacke-Liste aber für 15.000 Euro geführt wird, machen Sie einen guten Schnitt. Voraussetzung: Ihr Bekannter hat Ihnen keine wertmindernden Sachverhalte verschwiegen und das Auto ist fahrtüchtig.

Die Qualität des Fahrzeugs (gleich welcher Preisklasse) wird durch den TÜV gewährleistet. Es ist für Sie beruhigend zu erfahren, dass das Auto vor wenigen Wochen »durch den TÜV kam«, also die Fahr- und Straßentauglichkeit gegenüber einem unabhängigen Experten unter Beweis gestellt hat.

Was der TÜV bei Autos und anderen technischen Geräten bietet, übernehmen bei Firmenbilanzen die Wirtschaftsprüfer mit ihren jährlichen Testaten, wobei Sie ein erstelltes Testat (siehe auch Kapitel 5.2.4) als Mindestanforderung sehen sollten. Doch ähnlich wie Wirtschaftsprüfer oder kreditgebende Banken sich ein Bild über die Bilanzqualität von Firmen machen, schadet es nicht, wenn Sie zumindest im Groben die Qualität und die Stärke eines Unternehmens überprüfen. Dies geschieht mithilfe der nachfolgend aufgelisteten unternehmensbezogenen Kennzahlen.

4.2 Unternehmensbezogene Kennzahlen

Vielleicht ist Ihnen schon aufgefallen, dass Großbanken oftmals zwei verschiedene Analysten beschäftigen, die sich mit ein und demselben Unternehmen beschäftigen und dabei durchaus zu kontroversen Einschätzungen kommen. Gemeint ist der Fall, wenn ein Institut einen Aktienanalysten, nennen wir ihn Herrn Müller, beschäftigt, der dafür bezahlt wird, die Chancen und Risiken eines bestimmten aktiennotierten Unternehmens zu durchleuchten. Im Prinzip geht dieser Aktienanalyst genau so vor wie Sie als Privatanleger.

Dem anderen Bankangestellten, Herrn Meyer, der die Bilanzen desselben Unternehmens analysiert, ist die Entwicklung der Aktie dieser Firma vergleichsweise gleichgültig. Er ist als Kreditanalyst für die Kredite und Anleihen, die das Unternehmen seiner Bank oder dem Kapitalmarkt schuldet, zuständig.

Der grundlegende Unterschied zwischen der Arbeit der beiden Experten ist das Ziel, was am Ende der Studie stehen soll. Während Müller im Auftrag seiner Kunden eruieren muss, ob die Aktie steigen oder fallen wird, geht es Meyer nahezu ausschließlich um die Gewissheit, ob die Gläubiger ihr Geld wiedersehen werden. Er prüft die Kreditwürdigkeit des Unternehmens.
Es schadet nie, wenn Sie für Ihre Aktienengagements selbst ein kleines Stück als Kreditanalyst tätig sind. Zwar werden Sie in den seltensten Fällen bei einem Unternehmen gleichzeitig als Eigenkapitalgeber (sprich Aktionär) und Gläubiger (Zeichner oder Käufer von Anleihen) auftreten, doch gerät Ihr Aktienengagement in ernsthafte Schwierigkeiten, wenn die Kreditwürdigkeit leidet. Zur Erinnerung: Bevor es den Fremdkapitalgebern an den Kragen geht, »bluten« die Aktionäre. Deshalb ist es unabdingbar, alle Werte vor der Aufnahme ins Depot einem kurzen Qualitätscheck zu unterziehen. Nachfolgend erhalten Sie eine kurze Übersicht über wichtige Kennzahlen und Faustregeln, mit denen Sie derartige Risiken begrenzen können. Weitere Informationen zu einer mehr chancenausgerichteten Analyse der Geschäftsdaten finden Sie in Abschnitt 5.3.

- Noch einige grundsätzliche Worte vorab zu den nachfolgenden Ausführungen: Lassen Sie sich nicht von einigen Fachbegriffen abschrecken; vieles in der Bilanzanalyse klingt komplizierter, als es ist. Auf Details gehe ich bewusst nicht ein, für einen groben Überblick reichen einige einfache Indikationen. Auch sind die beschriebenen Faustformeln Orientierungsgrößen, an denen sich auch Nicht-Betriebswirte orientieren können. Bedenken Sie, dass Zahlen alleine durch die Branchenzugehörigkeit stark variieren. So generieren alle Einzelhandelskonzerne deutlich geringere Margen als etwas Softwarehäuser. In manchen Industrien, etwa bei Automobilkonzernen, ist es vollkommen üblich, mit einer hohen Verschuldung zu arbeiten, woanders (etwa im Pharmasektor) ist dies verpönt. Vergleichen Sie deshalb zuerst innerhalb der Branche. Wichtig ist zudem die Veränderung der Zahlen. Wenn ein Unternehmen schlecht verdient, die Rentabilität aber stetig und nachhaltig steigert, dann ist dieser Trend genauso zu beachten wie der Status quo.

4.2.1 Bilanz/Substanz/Eigenkapitalquote

Eine Bilanz listet auf der Aktivseite auf, über welche Vermögensgegenstände ein Unternehmen verfügt und stellt dem auf der Passivseite entgegen, wie dies finanziert ist. Aus diesem Grund achten Sie bei der Risikojustierung Ihres Depots ganz einfach darauf, ob das Unternehmen sein Vermögen sinnvoll angelegt hat. Zudem prüfen Sie die Kapitalstärke des Unternehmens, hier bedienen Sie sich der Relation von Eigen- zu Fremdkapital. Eine hohe Verschuldung kann zweifelsohne förderlich für die Rentabilität sein (immer wenn die im Unternehmen erwirtschafteten Renditen größer als die Zinslast sind, bleibt für die Eigenkapitalgeber etwas hängen), verschärft aber definitiv das Risikoprofil. Sie sollten deshalb darauf achten, dass Sie nur in berechtigten Ausnahmefällen in Werte einsteigen, die über eine schwache Eigenkapitalausstattung verfügen.

Es gibt zwei gängige Kennzahlen, um die Relation zwischen Eigenkapital und Fremdkapital zu quantifizieren: Die Eigenkapitalquote drückt den prozentualen Anteil des Eigenkapitals an der gesamten Bilanzsumme aus, liegt also zwischen 0 und 100 Prozent. Je höher die Eigenkapitelquote, desto eher stehen Sie auf der sicheren Seite. Das »Gearing« wiederum setzt die Verschuldung in Relation zum Eigenkapital. Je höher diese Kennzahl ist, umso größer ist das aus der Kapitalstruktur eingegangene Risiko. Ein niedriges Gearing wiederum dokumentiert (analog zu einer hohen Eigenkapitalquote) ein verhältnismäßig geringes Risiko, dass das Unternehmen in Form einer Überschuldung in Schwierigkeiten kommt.

Zur konkreten Höhe der Eigenkapitalquote: Als ganz grobe Richtschnur können Sie sich merken, dass Eigenkapitalquoten oberhalb von 30 Prozent unproblematisch sind, Werte deutlich über 50 Prozent ausgesprochen solide und alles unterhalb von 20 Prozent kritisch beäugt werden muss.

Abweichungen von diesen Empfehlungen gibt es natürlich, etwa bedingt durch die Branchenzugehörigkeit. Banken etwa, die Kreditaufnahme und -vergabe als originäres Geschäft betreiben, weisen ausnahmslos eine sehr niedrige Eigenkapitalquote aus. Auch bei Immobiliengesellschaften sind sehr hohe Verschuldungsgrade nicht unüblich und auch nicht per se gefährlich.

Kritische oder positive Einschätzungen über die Passivseite einer Bilanz funktionieren nicht ohne einen gleichzeitigen Blick auf die Aktivseite. »Luftige« Positionen wie etwa Firmenwert/Goodwill, aktivierte Eigenleistungen oder aktivische latente Steuern sind in ihrer Werthaltigkeit im Normalfall kritischer zu sehen als Substanz wie Grundstücke, Vorräte etc. Als am wenigsten problematisch sind Kassenbestände und risikolose Geldanlagen einzustufen.

Zur besseren Einsicht sollten Sie kurz überprüfen, wie sich die Eigenkapitalquote eines Unternehmens in den vergangenen Jahren verschoben hat. Eine rückläufige Quote ist kein Problem, wenn sie von einem hohen Niveau kommt und/oder die Veränderung auf einem expansiven Kurs beruht. Liegen der Schrumpfung jedoch operative

Verluste (womöglich über mehrere Perioden hinweg) zugrunde, dann sollten die Alarmglocken läuten.

Zusammenfassung: Empfehlungen für die Arbeit mit der Eigenkapitalquote

- Die Eigenkapitalquote gibt eine gute und schnelle Übersicht über das sich aus dem Verschuldungsgrad ergebende Risiko eines Unternehmens.
- Tendenziell gilt: Je höher die Quote, desto geringer das Risiko.
- In verschiedenen Branchen gelten unterschiedliche Regeln, deshalb sollten immer ähnliche Vergleichsunternehmen herangezogen werden.
- Wie bei allen Kennzahlen zählt nicht nur der aktuelle Wert, sondern darüber hinaus der Trend.
- Zur Beurteilung der Passivseite zählt auch ein Blick auf die Aktivseite.

4.2.2 GuV/Ertragskraft

Bei der Betrachtung der Rentabilität gelten die gleichen Grundsätze wie beim Blick auf die Substanz: Je höher, desto besser. Auch hier ist zu beachten, dass die Veränderung gegenüber der vorherigen Periode ebenso maßgeblich ist wie der erreichte absolute Wert. Darüber hinaus sollten branchen-, unternehmens- und situationsspezifische Besonderheiten im Auge behalten werden. Letztendlich sind »Gewinne« nicht ganz so eindeutig zu ermitteln wie etwa die Eigenkapitalquote.

Der Reihe nach: Wenn Sie Unternehmen hinsichtlich ihrer (Umsatz-) Rentabilität anschauen, dann sollten Sie sich als Erstes daran orien-

tieren, welche Zahlen hier in Relation zueinander stehen. Im Nenner kommen nur Umsatz oder die Gesamtleistung in Frage, hierbei sind die Unterschiede für gewöhnlich überschaubar.
Ob Sie hingegen das Nettoergebnis, das Vorsteuerergebnis oder auch das Ergebnis vor Zinsen, Steuern, Abschreibungen und Firmenwertamortisationen (Earnings before Interests, Taxes, Depreciation and Amortisation, kurz EBITDA) nehmen, macht natürlich einen erheblichen Unterschied. Machen Sie hier nicht den Fehler und vergleichen Sie Äpfel mit Birnen.

Noch wichtiger als bei der Eigenkapitalquote ist bei der Umsatzrentabilität die Branchenzugehörigkeit. Es gibt Sektoren, etwa den Einzelhandel, in denen alle Marktteilnehmer nur eine sehr geringe Gewinnmarge aufweisen. Anders sieht es etwa bei spezialisierten IT-Unternehmen aus, die hohe zweistellige Nettogewinnmargen aufweisen. Der Finanzplatzbetreiber Deutsche Börse AG ist solch ein Beispiel.

Achten Sie auf den Trend und das verbleibende Potenzial: Wenn sich Margen etwa kontinuierlich verschlechtern, gilt es nach der Ursache zu suchen. Die Gründe hierfür können vielfältig sein: stärkerer Wettbewerbsdruck, nachlassende Attraktivität der Produktpalette, steigende Fixkosten etc. All dies mahnt zur Vorsicht. Analog positiv ist eine stetige Verbesserung zu sehen.

Schöpft ein Unternehmen wiederum die branchenüblichen Gewinnmargen nicht aus und weist zeitgleich beschlossene Maßnahmen auf, dieses zu verbessern, können sich substanzielle Chancen für den Anleger ergeben. Im Umkehrschluss gilt es auf der Hut zu sein, wenn Margen ausgereizt oder gar überzogen wirken.

Zusammenfassung: Empfehlungen für die Arbeit mit der Umsatzrendite

- Grundsätzlich bietet die Umsatzrendite (als absolute Zahl) keinen nachhaltigen Mehrwert für den Anleger.

- Branchenspezifische Abweichungen sind hier sehr hoch.
- Tendenziell gilt: Höhere Renditen rechtfertigen einen höheren Börsenwert in Relation zum Umsatz.
- Die Veränderung ist auch hier maßgeblich. Sinkende Margen über einen längeren Zeitraum müssen als Warnsignal verstanden werden.
- Das verbleibende Potenzial, wie sehr eine Marge noch gesteigert werden kann oder wie tief sie noch fallen kann, ist ein guter Frühindikator.

4.2.3 Liquidität/Cash-burn-Rate

»Cash is king.« Die Ermittlung und die Analyse der liquiden Mittel gehört zu den Grundpfeilern der Unternehmensanalyse und das gleich aus zweifacher Sicht: Positiv formuliert ist Liquidität das wohl in seinem Wert sicherste Gut, das ein Unternehmen auf der Aktivseite ausweisen kann. Alle anderen Vermögensgegenstände, etwa Maschinen, Grundstücke und immaterielle Posten, sind in ihrem Wert weniger genau zu ermitteln. Zudem sind diese weniger liquide, können also nicht so schnell zur Wertschöpfung eingesetzt werden. Wenn Sie Rendite-Gesichtspunkte ignorieren, gibt es keinen Grund, der dagegen spricht, möglichst viel Kasse zu halten.

Andererseits tut ein Mangel an Liquidität wirklich weh. Bedenken Sie: Die hauptsächliche Ursache für Insolvenzen ist nicht die Überschuldung, sondern Illiquidität. Wenn ein Unternehmen vollkommen leere Kassen (und ausgeschöpfte Kreditlinien) hat, sind die Probleme wahrlich akut. In solch einem Konzern muss man als Anleger nicht investiert sein.

Sie können sich der Liquidität über verschiedene Wege nähern und den Bestand ebenso vielfältig interpretieren: Wenn Sie die liquiden Mittel in Relation zum Börsenwert setzen, eventuell auf den einzelnen Anteilschein heruntergebrochen (zum Beispiel 2,50 Euro je Aktie), dann haben Sie eine Art Risikopuffer. Im Extremfall (der nach dem Zusammenbruch des Neuen Marktes einige Male vorkam) können so auch Werte mit vollkommen uninteressantem operativem Geschäft attraktiv werden, da für eine Aktie weniger zu zahlen ist, als Cash im Unternehmen vorhanden ist. Eine Zerschlagung dieser Gesellschaft ist somit eine realistische Möglichkeit. Gerade in turbulenten Phasen, in denen ganze Märkte kollabieren und etliche Investments in Frage gestellt werden, bieten »Cash-Aktien« überaus sinnvolle »sichere Häfen«. Wichtige Voraussetzung ist natürlich eine stetige, wenn nicht sogar wachsende Menge liquider Mittel. Alle Überlegungen über eine »sichere Reserve« sind obsolet, wenn die Kasse spürbar schrumpft.

Auch dieses Phänomen lässt sich gut in einer Kennzahl erfassen, die in der Spätphase der Internet-Blase kurz nach der Jahrtausendwende ihre weiteste Verbreitung fand: die Cash-burn-Rate, die vereinfacht abbildet, wie viele liquide Mittel noch vorhanden sind und wie viel davon in einer Zeiteinheit (etwa Jahr oder Quartal) »verbrannt« wird. Unter der Annahme einer konstanten Cash-burn-Rate lässt sich somit der Zeitpunkt abschätzen, wann die Kassen leer sind und das Unternehmen neue Mittel braucht oder aber in akute Insolvenzgefahr rutscht. Heutzutage wird die Cash-burn-Rate wenig verwendet, ist aber bei hochdefizitären Firmen (etwa aus dem Biotech-Sektor) eine sinnvolle Kennzahl, um das Risiko für den Anteilseigner abzuschätzen.

Wichtig ist bei allen Betrachtungen der Liquidität, dass die tatsächliche Nettoliquidität erfasst wird, Finanzverbindlichkeiten also mit den Guthaben verrechnet werden. Immer wieder ist zu sehen, wie Anleger oder Unternehmenslenker über umfangreiche Cashreserven schwadronieren, aber außer Acht lassen, dass auf der Passivseite umfangreiche Kredite stehen. Wenn Sie von Ihrem leeren Girokonto mittels der Ausnutzung eines Kontokorrentkredites 5.000 Euro abheben und das Konto entsprechend in die Miesen rutscht, sind Sie auch nicht plötzlich 5.000 Euro reicher. Genauso nüchtern sollten

Sie bei Unternehmensbilanzen urteilen. Auch sollten den liquiden Mitteln nicht andere Aktiva wie etwa Forderungen oder Anteile an nicht börsennotierten Unternehmen zugeordnet werden. Lediglich kurzfristig liquidierbare Wertpapiere können als »Cash-Äquivalente« angesehen werden.

Zusammenfassung: Empfehlungen für die Arbeit mit der Liquidität

- Cash ist der Schmierstoff der Unternehmung. Im Kern gilt: Je mehr davon vorhanden, umso besser.
- Ein echter Mangel an liquiden Mitteln ist für eine Unternehmung lebensgefährlich, auch deshalb ist ein Blick auf den Kassenstand unabdinglich.
- Eine hohe Unterlegung des Börsenwerts mit liquiden Reserven gibt einem Investment eine recht hohe Sicherheit, vorausgesetzt das Unternehmen verfügt über einen mindestens ausgeglichenen Kapitalfluss.
- Bei (auf Cash-Basis) defizitären Unternehmen hilft die Cash-burn-Rate, das Risiko aus Sicht des Anlegers ex ante zu quantifizieren.
- Relevant ist einzig die Nettoliquidität. Auf Pump gefüllte Konten bieten eine überaus gefährliche und trügerische Sicherheit.

4.2.4 Kapitalrenditen

Der Return on Capital Employed (ROCE) ist ein weitverbreitetes Steuerungsinstrument innerhalb von Großkonzernen und wird auch von Wirtschaftsprüfern gerne genutzt.

Mithilfe des ROCE kann bestimmt werden, wie profitabel ein Unternehmen mit dem eingesetzten Kapital umgeht. Die Berechnungsweise sieht wie folgt aus: Ein bereinigter Nettogewinn (operativer Nettogewinn nach Steuern) wird durch das Gesamtkapital abzüglich nicht zinstragender Verbindlichkeiten und liquider Mittel dividiert.

In der Praxis ist der ROCE ein gut funktionierender Maßstab für Controller und Wirtschaftsprüfer. Wegen der etwas komplexeren Erstellung ist er für Privatanleger in der Unternehmensbetrachtung bzw. Aktienauswahl allerdings weniger relevant. Gleiches gilt für andere Berechnungen von Kapitalrenditen wie etwa dem EVA (Economic Value Added) oder dem ERIC (Earnings less Riskfree Interest Charge).

Zusammenfassung: Empfehlungen für die Arbeit mit Kapitalrenditen

- Kennzahlen wie der ROCE werden oft von Controllern oder Wirtschaftsprüfern zur Unternehmenssteuerung eingesetzt. Sie liefern gute Ergebnisse über die erreichten Kapitalrenditen.
- Aufgrund der etwas komplexeren Berechnung eignen sie sich nur sehr bedingt für Privatanleger, daher werden sie hier nicht weiter behandelt.
- Über die Bewertung der Aktie geben sie naturgemäß keine Information.

4.3 Bewertungsbezogene Kennzahlen

Die genaue Beurteilung, wie gut es um ein Unternehmen bestellt ist, etwa gemessen an der Nettoliquidität, der Eigenkapitalquote oder den vorhandenen Reserven in der Bilanz, liefert vermutlich eine gute Absicherung. Wer frühzeitig drohende Risiken wie Illiquidität sehen kann, bewahrt sein Depot vor einem möglichen Gefahrenherd, denn oftmals geben fundamentale Kennzahlen die Richtung für den Aktienkurs vor.

Doch Anleger wollen nicht Unternehmen, sondern Aktien bewerten. Und genau an dieser Stelle greifen unternehmensbezogene Kennzahlen zu kurz. Bei Aktien verhält es sich, wie eingangs erwähnt, nicht anders als bei Konsumgütern, der Arbeit eines Angestellten oder einem Reihenhaus als Investitionsvehikel: Alle Attraktivität hängt vom Preis ab.

Einerseits: Die Berechnung eines »fairen« Werts einer Aktie ist ausgesprochen mühselig und komplex. Zudem ist das Ergebnis fragwürdig, weil Preise subjektiv sind und Marktteilnehmer unterschiedliche Vorstellungen davon haben, welcher Preis noch angemessen ist für einen Anteilsschein.

Andererseits lebt die Börse von diesen unterschiedlichen Ansichten, sonst kämen auch nie Geschäfte zustande. Und diese normale Meinungsvielfalt liegt in einem Korridor, an dessen oberem Ende nur noch wenige Anleger bereit sind zu kaufen und an dessen unterem Ende kaum jemand verkauft. Je besser Sie diese Bandbreite kennen, umso erfolgreicher agieren Sie auf dem Parkett.

Um ein Gefühl für billige und teure Aktien zu bekommen, gibt es eine Vielzahl von Bewertungskennzahlen. Die geläufigsten gehe ich auf den folgenden Seiten mit Ihnen durch. Dort lesen Sie, welche Parameter ich für sinnvoll halte und welche nicht.

4.3.1 KGV

Die wahrscheinlich bekannteste Kennzahl, die es in der Aktienanalyse gibt, ist das Kurs-Gewinn-Verhältnis, kurz KGV. Weil diese schlichte Relation zwischen dem Preis für eine Aktie und dem Gewinn eines Unternehmens eine einfache und präzise Auswertung dessen ist, was sich ein Aktionär erhofft, gehört sie ausnahmslos in jede Kennzahlenbetrachtung. Eine Transaktion bei einem Dividendentitel ohne vorherigen Blick auf das KGV ist ähnlich unvorstellbar wie der Kauf ohne einen Blick auf den Kurschart.

Weil das KGV recht einfach konstruiert ist, lauern jedoch zahllose Fallstricke. Viele Anleger haben schon bittere Verluste erlitten, weil sie sich von mutmaßlich günstigen KGV zum Kauf einer letztlich wertlosen Aktie haben verleiten lassen. Deshalb genügt nie ein blanker Blick auf die nackte Zahl. Schauen Sie auf die Nachhaltigkeit, die Sie einerseits an der Kontinuität (Blick auf mehrere Jahre) oder an der Zusammensetzung des Gewinns (liegt eine Begünstigung/Belastung durch Einmaleffekte vor?) erkennen können. Zudem ist Gewinn nicht gleich Gewinn. Auch bei der Anzahl der Aktien, die der Kurs-Gewinn-Relation je Aktie zugrunde liegen, und bei der Auswahl der Periode sind die Daten nicht so homogen, wie man meinen könnte.

Abbildung 10: Langfristige Entwicklung des KGV des DAX

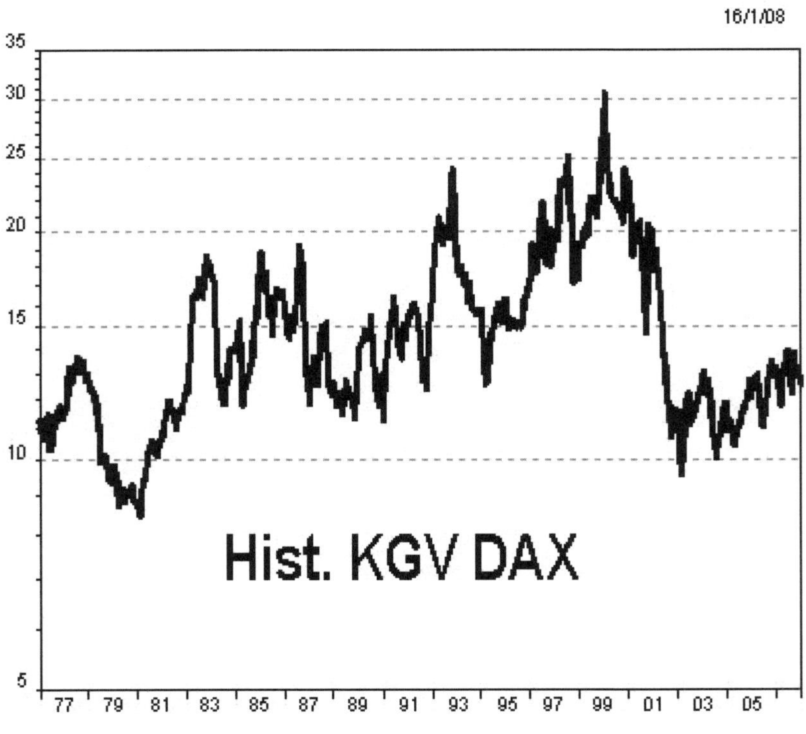

Source: Thomson Datastream

Lassen Sie uns der Reihe nach die Faktoren durchgehen. Beginnen wir mit der vermeintlich einfachen Frage, ob Sie das KGV des Vorjahres, des laufenden Jahres oder der kommenden Periode betrachten sollten.

An der Börse wird bekanntlich die Zukunft gehandelt, deshalb ist es nachvollziehbar, dass die meisten Beobachter mit den Schätzungen für das kommende oder gar übernächste Jahr arbeiten. Das von Analysten geschätzte Ergebnis für die Zukunft birgt jedoch große Unsicherheit und sollte nach meinem Dafürhalten entsprechend kritisch gewürdigt werden. Vor allem wenn substanzielle Verbesserungen erwartet werden, gilt es kritisch zu hinterfragen, ob hier tatsächlich eine nachvollziehbare Weiterentwicklung des Geschäfts vorliegt oder vielmehr ein Luftschloss gebaut wird. Je steiler die angekündigte Ergebnisverbesserung, desto misstrauischer sollten Sie sein. Gewinnschätzungen, die weiter als zwei Jahre in die Zukunft reichen, sind im Grundsatz fragwürdige Entscheidungsinstrumente. Die KGV zu den Ergebnissen der vergangenen Jahre sollten übrigens durchaus betrachtet werden. Vor rund zwanzig bis dreißig Jahren war es in der Finanzanalyse vollkommen üblich, den Kurs in Relation zum durchschnittlichen Gewinn der vergangenen drei Jahre zu setzen.

Bei diesem Blick über die Schulter interessieren nicht nur das Ergebnis und das KGV in der jeweiligen absoluten Höhe, sondern auch die Konstanz bei der Gewinnerzielung. Je kontinuierlicher das Geschäft in der Vergangenheit war, umso konstanter ist es mutmaßlich in der Zukunft. Auch hier spielen Branchenbesonderheiten eine gewichtige Rolle. Beteiligungsgesellschaften etwa weisen sehr große Sprünge im Ergebnis aus, Versorger oder Telekommunikationskonzerne haben einen stabileren Verlauf in ihrem Geschäftsergebnis.

Neben der Frage, aus welcher Periode der relevante Gewinn stammt, ist die Frage, welcher Gewinn in den Nenner gepackt wurde, nicht ganz zu unterschätzen. Man möchte meinen, dass Gewinn in der Betriebswirtschaftslehre recht eindeutig als Leistung minus Aufwand definiert ist. In der Praxis jedoch wird der ausgewiesene Gewinn sowohl von externen Analysten als auch von den Unternehmen

Abbildung 11: Entwicklung des KGV der RWE-Aktie

Source: Thomson Datastream

Abbildung 12: Entwicklung des KGV der Henkel-Aktie

Source: Thomson Datastream

Abbildung 13: Entwicklung des KGV der Conti-Aktie

Source: Thomson Datastream

Abbildung 14: Entwicklung des KGV der Aktie von ThyssenKrupp

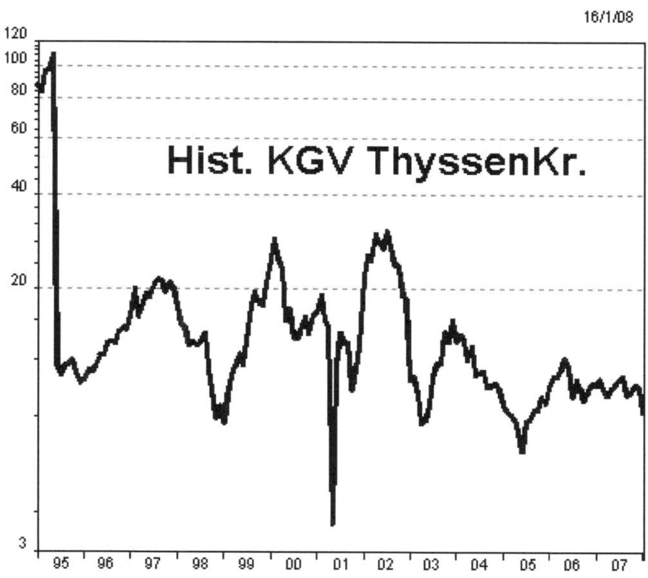

Source: Thomson Datastream

selbst vielfach um »Sondereffekte bereinigt«. Dieser im Grundsatz sinnvolle Weg, außerordentliche und nicht wiederholbare Einflüsse aus dem Ergebnis zu eliminieren, ist in den vergangenen Jahrzehnten leider mehr und mehr zu einem Einfallstor für die Verschleierung der tatsächlich im Konzern erbrachten Leistungen geworden. Details zu den von den Unternehmen verwendeten Methoden, ihre Ergebnisse »schön zu rechnen«, und Wege, diese zumeist legalen Tricks wieder »abzuschminken«, finden Sie in Kapitel 5. An dieser Stelle sei jedoch betont, dass eine Betrachtung des Kurs-Gewinn-Verhältnisses nur dann sinnvoll ist, wenn Sie den tatsächlichen (Netto-)Gewinn ermitteln. Besonders bei der Betrachtung mehrerer Perioden in Folge gibt es keinen Grund, von dieser Regel abzuweichen, schließlich betreffen Bereinigungen definitionsgemäß nur Einmalaufwendungen, die sich eben nicht wiederholen.

Losgelöst vom Spielraum, den die einzelnen Unternehmen haben, um ihre Gewinne zu ermitteln bzw. auszuweisen, ändern sich auch die regulatorisch vorgegebenen Richtlinien in beachtlicher Regelmäßigkeit und kurzer Abfolge. Nehmen Sie die Ergebnisrelevanz von Firmenwerten (Goodwill), die bei Übernahmen und Zusammenschlüssen von Unternehmen entstehen. Hier haben sich die Vorgaben für die Gewinn- und Verlustrechnungen in den vergangenen fünfzehn Jahren mehrfach geändert. Die Relevanz für die ausgewiesenen Gewinne ist beträchtlich. Galt bis Ende der 1990er Jahre noch die Regel, dass der Firmenwert entweder direkt mit dem vorhandenen Kapital verrechnet werden konnte (was zu hohen Gewinnen, aber niedrigem Kapital geführt hat) oder über eine längere Zeit abgeschrieben werden musste (was die GuV belastet und zu höheren KGV geführt hat), sorgte die Einführung der internationalen Richtlinien für einen Wegfall der Relevanz von Goodwill-Abschreibungen für die Gewinnermittlung. Diese Regel währte nur kurz.

Eine wenig später eingeführte Aufwands-Relevanz für die Firmenwertabschreibungen drückte die Gewinne massiv und erhöhte die KGV im Markt. Umgekehrt wirkt die zuletzt festgezurrte Umkehr dieses Prinzips: Seitdem der Goodwill nicht mehr obligatorisch abgeschrieben wird, sondern nur noch jährlich in seiner Werthaltigkeit überprüft, steigen die ausgewiesenen Gewinne deutlich. An der Werthaltigkeit der Aktien hat sich allerdings nichts geändert.

Zusammenfassung: Empfehlungen für die Arbeit mit dem KGV

- Im Grundsatz gilt: Ein niedriges Kurs-Gewinn-Verhältnis deutet auf eine niedrige Bewertung hin, spricht also für einen Kauf der Aktie. Im Gegenzug sind Engagements auf Basis hoher Kurs-Gewinn-Relationen in Frage zu stellen oder zu liquidieren. Als ganz grobe Daumenregel gilt, dass Aktien mit einem KGV unter 10 günstig sind und Werte mit einem KGV jenseits der 20 eher teuer.

- Der dem KGV zugrunde liegende Gewinn sollte immer der Nettogewinn sein. Lassen Sie sich nicht auf Ablenkungsmanöver ein, bei denen alle möglichen Aufwendungen wieder ausgeklammert werden, um somit einen höheren Gewinn (ein niedriges KGV) vorzutäuschen.

- Die Betrachtung des Gewinns für das laufende oder das kommende Jahr sind sinnvoll. Ein Blick auf die Gewinne in der Vergangenheit hilft. Wenn eine Aktie erst auf Basis der Gewinne in drei oder vier Jahren günstig erscheint, ist eine ausgesprochen nachhaltige Prüfung der Sicherheit dieser Prognose angebracht. Im Zweifelsfall besser Finger weg.

- Außerordentliche Aufwendungen können ausgeblendet werden, außerordentliche Erträge sollten jedoch erst recht herausgerechnet werden. Wichtig sind wiederholbare Gewinne. Aus diesem Grund ist es durchaus berechtigt, dass zyklische Unternehmen billiger gehandelt werden als Titel, die über viele Jahre hinweg stets gleiche oder ähnliche Profite für ihre Aktionäre erwirtschaften.

- Gewinne gehören zu den am meisten manipulierbaren und diskussionswürdigen Größen in der Finanzanalyse. Das KGV sollte

Ihnen bei jeder Aktienauswahl durch den Kopf gehen, doch Käufe oder Verkäufe nicht alleine begründen. Besonders wichtig ist beim KGV, mehrere Perioden zu betrachten, die besser nicht allesamt in ferner Zukunft liegen.

4.3.2 KCV

Gerade die hohe Anfälligkeit der ausgewiesenen Gewinne für Manipulierbarkeit und Interpretationen gebietet dem Anleger, die Bewertung anderer Erfolgsgrößen des Unternehmens mit in seine Investitionsentscheidungen einzubeziehen. Eine recht hohe Resistenz gegenüber »Schönrechnerei« bringen üblicherweise Kapitalflussgrößen mit sich. »Cash ist king« aus Sicht des Unternehmens und aus der Perspektive des Anteilseignes gleichermaßen.

Das Kurs-Cashflow-Verhältnis, kurz KCV, setzt den Aktienkurs in Verhältnis zum erwirtschafteten Cashflow. Im Vergleich zum KGV begibt sich der Anleger hier auf sichereres Terrain, da Cashflows nicht so leicht »manipulierbar« sind wie Gewinne. Rein buchhalterische Effekte, mit denen Unternehmen ihre Gewinne positiv, aber cash-unwirksam beeinflussen können (etwa die Aktivierung von Entwicklungsleistungen) werden so egalisiert.

Problematisch beim KCV ist die Ermittlung. Im Grundsatz soll hier der tatsächliche Zahlungsmittelüberschuss ermittelt werden. Der Theorie nach wäre das am sinnvollsten in Form des freien Cashflow – also der Saldierung von operativen Cashflow und Investitionscashflow – zu bewerkstelligen. Üblicherweise wird das KCV aber auf Basis der Brutto-Cashflows (Jahresüberschuss plus Abschreibungen) berechnet, eine methodisch etwas fragwürdige Vereinfachung. Darüber hinaus gibt es kaum Cashflow-Schätzungen, die Anlegern frei zur Verfügung stehen. Somit kann das KCV zumeist nur mit Daten der Vergangenheit berechnet und interpretiert werden.

Zusammenfassung: Empfehlungen für die Arbeit mit dem KCV

- Generell liefert Ihnen das KCV recht zuverlässige Hinweise darauf, ob ein Unternehmen an der Börse unter- oder überwertet ist. Gerade in Ergänzung zu anderen Kennzahlen lassen sich aus dem KCV vernünftige Rückschlüsse ziehen.

- Die Branchenabhängigkeit ist vergleichsweise hoch. Deshalb ist das KCV als Vergleichsmaßstab in marktbreiten Betrachtungen kritisch. Sektoren, bei denen ein großer Teil des Kapitals abgeschrieben wird, kommen etwa auf eine eher hohe Cashflow-Generierung.

- Auch beim KCV gilt: Die Betrachtung einer einzelnen Periode ist nicht sinnvoll. Zwar verlaufen Cashflows kontinuierlicher als Gewinne, doch sind auch hier Einmaleinflüsse möglich. Zudem lassen sich aus einem Mehrjahresverlauf der Cashflows gute Rückschlüsse über die Zukunftsfähigkeit der Unternehmung schließen.

- Bevorzugen Sie nicht blind Unternehmen mit hohem Cashflow und/oder niedrigem KCV. Diese Werte werden von Unternehmen oft erst in der Spätphase ihres Lebenszyklus erreicht. Wichtiger ist es, wie viel hohe Cashflows noch generiert werden können.

- Besonders kritisch: Unternehmen, in denen positive Cashflows erst in ferner Zukunft generiert werden. Hier muss aus der Substanz unterlegt sein, dass die Firma die Zeit bis dahin überbrücken kann (siehe Kapitel 4.2.2).

4.3.3 KBV

Eine überaus einfache, aber alles andere als unzuverlässige Bewertungsgröße ist das Kurs-Buchwert-Verhältnis (KBV). Vereinfacht gesprochen wird hier der Börsenwert in Relation zum Eigenkapital des Unternehmens gesetzt. Sie erhalten hier sehr gute Abgrenzungen zum Fremdkapital und haben einen schnellen Überblick, welchen Bewertungsvorschuss die Börse dem operativen Geschäft gibt. Im Gegensatz zu den meisten Kennzahlen, die ausschließlich die (aktuellen oder künftigen) Erträge in Verhältnis zum Wert an der Börse setzen, liegt hier eine Bewertung der Substanz vor. Außen vor bleiben alle stillen Reserven und Lasten, die nicht in der Bilanz erfasst sind.

Gerade bei noch sehr jungen Unternehmen ist die Ermittlung eines angemessenen KBV ebenso anschaulich wie nachvollziehbar. Stellen Sie sich vor, eine neue AG wurde soeben gegründet und weist noch kein operatives Geschäft auf. In die Gesellschaft haben die Aktionäre 100.000 Euro Eigenkapital eingezahlt. Stellen Sie sich vor, diese Gesellschaft ist nun in diesem Stadium an der Börse notiert. Was wäre ein angemessener Preis? Nun, wahrscheinlich 100.000 Euro. Wir setzen hier voraus, dass AG-Gründung und Börsennotierung nichts kosten und auch keine geschaffenen Werte sind. Das KBV beträgt somit exakt 1. An den 100.000 Euro fairem Wert ändert sich übrigens nichts, wenn die Gesellschaft zusätzlich 900.000 Euro Kredit aufnimmt und über eine Bilanzsumme von 1 Million Euro verfügt.

Angenommen, die junge Gesellschaft macht im ersten Jahr 20.000 Euro Gewinn, der nicht ausgeschüttet wird. Das Eigenkapital erhöht sich auf 120.000 Euro. Sollte der Aktienkurs nicht entsprechend mitziehen, würde die Firma unter Buchwert gehandelt, was einen Kaufanreiz impliziert.

Das Beispiel soll jedoch nicht suggerieren, dass ein faires KBV stets bei 1 liegt. Üblicherweise sind die Relationen um einiges höher. Im DAX etwa werden die meisten Titel mit einem KBV von 2 oder 3 gehandelt, in Ausnahmefällen (Deutsche Börse oder SAP) zahlt die Börse auch schon mal den zehnfachen Buchwert. An diesen Beispielen sehen Sie, dass derart hohe Aufschläge immer nur dann gezahlt werden, wenn die Firmen extrem profitabel sind und darüber hinaus stark wachsen.

Im Gegenzug kommen KBV unter 1 sehr selten vor. Hier können Sie davon ausgehen, dass der Markt »nach unten« übertreibt (etwa im Frühjahr 2003) oder in den betroffenen Unternehmen tatsächlich einiges im Argen liegt. Wenn der Markt etwa frühzeitig erkennt, dass in einer Bilanz immense stille Lasten vorkommen (etwa noch nicht abgeschriebener Goodwill aus einem völlig verfehlten Zukauf), so nimmt der Markt die mutmaßliche spätere Bereinigung schlicht vorweg.

Das KBV liefert somit keine direkte Entscheidungshilfe. Ein einzig an Werten mit einem möglichst niedrigen KBV ausgerichtetes Depot würde fast schon zwingend zu einer Ansammlung von problembehafteten Unternehmen führen. Die Höhe des KBV liefert jedoch eine gute Indikation für die Qualität des operativen Geschäfts des Unternehmens. Gemeinsam mit anderen Kennzahlen lässt sich so eine vernünftige Relation von Chance und Risiko erarbeiten.

Im Gegensatz zu anderen Kennzahlen schwankt das KBV deutlich schwächer. Dies ist nachvollziehbar, verändert sich doch die Höhe des Eigenkapitals weniger stark als etwa die erwirtschafteten Gewinne und Cashflows.

Zusammenfassung: Empfehlungen für die Arbeit mit dem KBV

- Im Gegensatz zu den meisten anderen Kennzahlen liefert das KBV keine direkte Relation zum Ertrag, sondern relativiert den Börsenwert zur bilanziellen Substanz.

- Ein niedriges KBV dokumentiert eine günstige, ein hohes KBV eine hohe Bewertung. Werte zwischen 1,5 und 3 stellen eine Spannbreite dar, die als »normal« bezeichnet« werden kann.

- Prämisse für die Aussagekraft ist indirekt die Qualität der Bilanz. »Luftige« Aktiva erhöhen den Wert des Eigenkapitals und senken somit das KBV.

- Stille Reserven und stille Lasten werden nicht berücksichtigt.

- KBV schwanken weniger stark als an Ergebnisse gekoppelte Kennzahlen, was dem Anleger mehr Sicherheit bietet.

- Für direkte Investitionsentscheidungen ist die bloße Betrachtung des KBV etwas dünn. In Ergänzung mit anderen Zahlen bietet das KBV jedoch gute Unterstützung.

4.3.4 KUV und EV/Sales

Eine naheliegende und schnell zu ermittelnde Relation, die es zwischen Unternehmenserfolg und Börsenbewertung gibt, ist das Kurs-Umsatz-Verhältnis (KUV). Beide Daten sind sehr offensichtlich und einfach in Verhältnis zu setzen. Dabei treten mitunter erhebliche Abweichungen in der Bewertung verschiedener Titel auf. Es gibt börsennotierte Unternehmen, die mit einem Zwanzigstel des Jahresumsatzes gepreist werden, es gibt aber auch Werte, die mit dem zwanzigfachen Erlös gehandelt werden. Allein bei den 30 Werten im DAX gab es kurz vor Jahresende 2007 eine Diskrepanz von einem KUV von über 13 (Deutsche Börse AG) und einem KUV von weniger als 0,25 (TUI AG). Ich würde daraus nicht die Schlussfolgerung ziehen, dass die TUI-Aktie über 52-fach günstiger ist.

Wie kommen derartige Abweichungen zustande? Nun, die Relation zwischen Umsatz und Börsenwert ist zwar einfach zu ermitteln, aber isoliert betrachtet wertlos, weil die beiden Zahlen nichts miteinander zu tun haben. Zwei ganz wesentliche Parameter werden bei einer KUV-Betrachtung nämlich gänzlich ausgeblendet: die Verschuldung und die Rentabilität. Da verwundert es nicht, dass in den Ranglisten der Werte mit einem niedrigen KUV überwiegend Konzerne auftauchen, die riesige Schuldenberge vor sich her schieben und über ein Geschäft mit mäßigen Renditen verfügen. Große Automobilkonzerne – etwa GM und Ford – oder auch Handelsunternehmen können hier angeführt werden. Gemessen an ihren Gewinnen und Cashflows sind diese nach KUV-Kriterien günstigen Aktien oftmals keine Schnäppchen.

Rechenbeispiel: So schnell ist das KUV »günstig«

Stellen Sie sich vor, ein schuldenfreies Unternehmen aus der IT-Branche, die Beispiel-AG, kommt auf einen Börsenwert von 100 Millionen Euro. Das Unternehmen generiert einen Umsatz von 50 Millionen Euro und verdient netto 5 Millionen Euro. Folglich wird das Unternehmen mit einem KGV von 20 und einem KUV von 2 bewertet. Dies sind keine unüblichen Relationen für IT-Dienstleister.
Wichtige Kunden der Beispiel-AG bitten den Konzern, das Geschäft auszuweiten. Weil die Kunden gerne alle Leistungen aus einer Hand hätten, soll die Beispiel-AG nicht nur Dienstleistungen erbringen, sondern auch die komplette Hardware besorgen und zum Selbstkostenpreis an die Kunden weitergeben. Da der Wettbewerb hart ist und die Beispiel-AG von wenigen Kunden stark abhängt, lässt sie sich auf den Deal ein. Fortan nimmt der Umsatz der Beispiel-AG massiv zu, ohne dass die Gesellschaft/der Aktionär etwas verdienen. Der Gewinn beträgt weiterhin 5 Millionen Euro, der Umsatz vervierfacht sich jedoch auf 200 Millionen Euro. Somit wird die Firma an der Börse zwar unverändert mit einem KGV von 20 bewertet. Das KUV sinkt jedoch drastisch auf 0,5. Theoretisch ist die Firma nun unter KUV-Aspekten deutlich günstiger als zuvor. Attraktiver erscheint mir die Aktie jedoch keineswegs.
Das Ganze lässt sich fortführen. Die Beispiel-AG könnte 50 Millionen Euro Kredit aufnehmen und dafür im (margenschwachen) Handelsbereich einen Konkurrenten mit 300 Millionen Euro Umsatz hinzukaufen. Zwar wirft der neue Zweig 3 Millionen Euro Gewinn ab, doch geht genau dieser Betrag für die Zinsen des neuen Kredits drauf. Deshalb bleibt es bei 5 Millionen Euro Gewinn. Auch der Börsenwert bleibt unverändert bei 100 Millionen Euro, da für den Kauf der neuen Firma keine neuen Aktien emittiert wurden. Das KGV beträgt weiterhin 20.
Ganz anders das KUV: dieses liegt mittlerweile bei sensationell günstigen 0,2. Ein echtes Schnäppchen könnte man meinen und sich dabei irren. Das niedrige KUV ist mit einer drastischen Verwässerung der Umsatzmarge von 10 Prozent auf nunmehr 1 Prozent bezahlt worden. Zudem ist die Verschuldung massiv gestiegen. Weder der Gewinn je Aktie noch die Dividende haben sich erhöht.

Das Weglassen der Gewinnmargen sorgt dafür, dass Äpfel mit Birnen verglichen werden. Manche Unternehmen verdienen je Euro Umsatz 20 oder gar 30 Cent. Andere Firmen sind froh, wenn je Euro Umsatz 1 oder 2 Cent hängen bleiben. Das hängt nicht damit zusammen, dass Konzerne mit hohen Gewinnmargen zwingend besser arbeiten, sondern ist vielfach durch den Grad der Wertschöpfung und die Branchenzugehörigkeit bedingt. Wer hier sauber arbeitet und nur ähnliche Konzerne (etwa direkte Konkurrenten) vergleicht, kommt noch auf halbwegs akzeptable Ergebnisse. Querbeet-Vergleiche, etwa eines Softwarehauses mit einem IT-Händler, sind fast schon manipulativ. In der Spätphase des Neuen Marktes bin ich tatsächlich vereinzelt auf solche Vergleichsrechnungen gestoßen, wonach ein Elektrochipbroker etwa in Relation zu Chipherstellern günstig bewertet war. Wichtig für Sie ist die Maßgabe, Umsatzvielfache allenfalls nur im Branchenvergleich anzuwenden.

Die Nichtbeachtung der Verschuldung ist für mein Empfinden das noch größere Defizit des KUV. Bedenken Sie: Ein Unternehmen finanziert sich über Eigen- und Fremdkapital, etwaige Umsatzzuwächse werden über beides finanziert. Somit ist es abenteuerlich zu sagen, der Umsatz ist in Relation zum Börsenwert (der die Eigenkapitalseite reflektiert) hoch oder niedrig. Wenn dem so wäre und ein niedriges KUV sinnvoll wäre, gäbe es die unheimlich einfache und wirkungsvolle Möglichkeit, »auf Pump« massiv Umsatz hinzuzukaufen. Da Fremdkapital auch Zinsen kostet, ist ein derartiger Schritt in einem KGV oder KCV stets eingepreist, im Kurs-Umsatz-Verhältnis jedoch nicht.

Auch der umgekehrte Fall ist denkbar und wurde schon oft in der Praxis gesehen: Unternehmen, die nach KUV-Kriterien denkbar überteuert und in Wirklichkeit objektiv überaus günstig sind. Das ist immer dann der Fall, wenn es eine hohe »negative Verschuldung«, sprich Nettoliquidität, gibt. Auch diese Seite der Medaille wird beim KUV ausgeblendet. Da Liquiditätsreserven normalerweise verzinst werden, gibt es übrigens auch hier ergebniswirksame Effekte, die auf das KGV einwirken, beim Kurs-Umsatz-Verhältnis hingegen ausbleiben.

Deshalb wird in der Finanzanalyse alternativ zum reinen Börsenwert mit dem Enterprise Value (EV) gearbeitet. Der EV ist die Addition des Börsenwerts und der Nettoverschuldung. Liegt im Unternehmen Nettoliquidität vor, wird diese zur Berechnung des EV vom Börsenwert abgezogen. In Zeiten volatiler Märkte kann die Verhältnismäßigkeit von Netto-Cash zum Börsenwert beachtlich sein. Wie im Kapitel 4.2.3 bereits ausgeführt, gab es kurz nach dem Jahrtausendwechsel Firmen, deren Börsenwert niedriger war als die Nettoliquidität. Diese Firmen hatten zu diesem Zeitpunkt einen negativen EV.

Warum der Enterprise Value aussagekräftiger als der reine Börsenwert ist, können Sie sich am besten vergegenwärtigen, wenn Sie sich vorstellen, dass Sie nicht nur (wie bei einem Aktienkauf üblich) einen sehr kleinen Teil eines Unternehmens kaufen wollen, sondern gleich die komplette Firma. In solch einem Fall müssen Sie nämlich auch alle Schulden »mitnehmen« bzw. können sich im gegenteiligen Fall an den gut gefüllten Kassen erfreuen. Sicher haben Sie schon spektakuläre Käufe von maroden (mit Schulden überfrachteten) Firmen zum symbolischen Preis von 1 Euro gelesen. Dies ist nicht damit gleichzusetzen, dass die Firma den Käufer nur einen einzigen Euro gekostet hat.

Methodisch ist der EV dem Börsenwert also weit überlegen. In professionellen Bewertungsstudien wird praktisch ausschließlich über den EV argumentiert. Das Problem für den Privatanleger: Aufgrund der Einfachheit des KUV in seiner Berechnung finden Sie in nahezu allen Tabellen in Anlegermagazinen etc. immer nur Hinweise zum KUV. Sollten Sie mit solchen Datenbanken arbeiten, bietet es sich an, hier selber nachzujustieren (Nettoverschuldung und dann EV bestimmen), sich mindestens aber ein dezidiertes Bild von der Verschuldung beobachteter Werte zu machen.

Der andere große Nachteil des KUV, die Vernachlässigung der Margen, trifft auch beim EV/Umsatz oder EV/Sales-Multiple zu. Auch hier sollten Sie vornehmlich Vergleiche zwischen ähnlichen Werten machen. Davon losgelöst können Sie sich als ganz grobe Orientierung merken, dass EV/Umsatz-Multiples unter 1 günstig erscheinen und Werte oberhalb von 3 mit einer sehr guten Profitabilität unterlegt sein müssen.

Zusammenfassung: Empfehlungen für die Arbeit mit EV/Sales oder KUV

- Die Einfachheit und die Verbreitung des KUV in vielen Tabellen in Anlegermagazinen etc. gebieten es, dass Anleger sich auch mit dem KUV auseinandersetzen. Methodisch sinnvoller ist aber die Relation von Unternehmenswert (Enterprise Value, kurz EV) zum Umsatz.

- Die größten Schwächen des KUV sind die Nichteinbeziehung der Schulden und der Gewinnmargen. So kann ein (isoliert betrachtet) niedriges KUV zum Kauf einer unattraktiven Aktie fehlleiten.

- Bei KUV und EV/Umsatz gilt (wie bei den meisten Kennzahlen): Je niedriger das Verhältnis, desto höher die Attraktivität. Hierbei ganz wichtig: Äpfel nicht mit Birnen vergleichen. Branchenübergreifende Unterschiede haben eine geringe Aussagekraft.

- Benutzen Sie EV/Sales (und erst recht KUV) ausschließlich in Verbindung mit anderen Kennzahlen. Gute Ergänzungen sind die Umsatzrendite und das Kurs-Gewinn-Verhältnis.

4.3.5 EV/EBITDA und EV/EBIT

Der Enterprise Value eignet sich auch gut, um mit Gewinngrößen wie dem EBIT (Gewinn vor Zinsen und Steuern) oder dem EBITDA (Gewinn vor Zinsen, Steuern, Abschreibungen und Firmenwertamortisationen) verglichen zu werden. Ungeachtet der berechtigten Kritik, die sich an der Arbeit mit bereinigten Gewinngrößen festmachen lässt, ergibt der Vergleich von EV mit EBIT oder

EBITDA sinnvolle Kenngrößen für das Verhältnis zwischen Kapitalmarktbewertung und operativem Erfolg.

Durch das Ausklammern der Steuern wird ein wesentlicher Effekt herausgenommen, den das Unternehmen nur bedingt beeinflussen kann. Zudem kommt mehr Kontinuität ins Bild, da effektiv gezahlte Steuersätze in Unternehmungen stärker schwanken, als oftmals angenommen wird.
Das Weglassen der Abschreibungen holt einen wesentlichen nicht cash-wirksamen Effekt heraus. Kritisch ist hier zu sehen, dass korrespondierende positive Effekte weiter enthalten sind. Beispiel: Unternehmen, die die Entwicklung von Software (ergebniswirksam) aktivieren und abschreiben, erhöhen so künstlich ihr EBITDA.

Das Ignorieren des Zinsergebnisses ist legitim, zumal im Zähler dieser Relation mit dem EV bereits eine die Verschuldung berücksichtigende Größe steht.
Die Branchenabhängigkeit ist beim EV zum EBIT und beim EV/EBITDA nicht sonderlich hoch, hier lassen sich auch Vergleiche über verschiedene Branchen hinweg durchführen.

Zusammenfassung: Empfehlungen für die Arbeit mit EV/EBITDA

- Die Beziehung von EV zum EBIT oder EBITDA bietet einen vernünftigen Vergleich zwischen Unternehmenswert und geglättetem operativem Ergebnis.

- Die Bereinigungen beim EBIT und EBITDA sind nicht frei von potenziellen Verschleierungen, insgesamt aber akzeptabel.

- Ein Vergleich ist bei EV/EBIT und EV/EBITDA auch branchenübergreifend möglich, dies allerdings mit Abstrichen.

- Die Datenbeschaffung für die Berechnung der Relationen ist schwieriger als etwa im Falle des KGV oder bei der Dividendenrendite.

4.3.6 Dividendenrendite

Zu den bekanntesten, am einfachsten zu bestimmenden und gleichzeitig aussagekräftigsten Kennzahlen gehört die Dividendenrendite. Sie wird errechnet, indem Sie die aktuelle Ausschüttung je Aktie in Relation zum Kurswert setzen. Eine Aktie, die momentan bei 30 Euro gehandelt wird, weist bei einer Dividende von 1,50 Euro eine (recht ansprechende) Rendite von 5 Prozent aus. Eine hohe Dividendenrendite weist auf eine niedrige Bewertung hin, eine niedrige Dividendenrendite unterstreicht eine hohe Bewertung.

Wie bei den anderen bewertungsbezogenen Kennzahlen kann eine Annäherung von zwei Seiten erfolgen. Eine Erhöhung der Dividendenrendite basiert auf steigenden Dividenden oder auf fallenden Kursen. Interessanterweise weisen die gängigen Hitlisten der Werte mit der höchsten Dividendenrendite viele »Fallen Angels« auf, die stark im Kurs gefallen sind. Eine hohe Dividendenrendite ist dann nur ein schwacher Trost für den bereits investierten Anleger.

Die Aussagekraft der Dividendenrendite ist besonders im Langfristvergleich hoch. Die klassische Ausprägung einer spekulativen Übertreibungsphase ist übrigens die Relativierung etablierter Kennzahlen, etwa dem KGV oder der Dividendenrendite. Immer dann, wenn die Parameter deutlich überzogene Bewertungen signalisieren, reagieren Unternehmen oder auch andere Marktteilnehmer (Bankanalysten, Finanzpresse) gerne mit dem Hinweis, dass die Kennzahl nicht mehr aussagekräftig ist. Zum letzten Mal konnten Sie dies zu Zeiten der Internet-Spekulationsblase um die Jahrtausendwende beobachten.

Die in Abbildung 15 klar erkennbare Überbewertung wurde seinerzeit mit dem Argument relativiert, die relativ schwache Ausschüttungsrendite liege daran, dass die Firmen stattdessen lieber ins eigene Wachstum investierten. Was folgte, ist schnell zusammengefasst: Die Renditen wurden wieder nach einer deutlichen Abwärtskorrektur der Aktienkurse auf das Normalmaß zusammengestutzt.

Abbildung 15: Langfristige Entwicklung der Dividendenrendite im DAX

Source: Thomson Datastream

Das Alleinstellungsmerkmal der Dividendenrendite im Vergleich zu anderen Kennzahlen ist ihre Cash-Relevanz. Bei allen anderen Kennzahlen spekulieren Sie beim Kauf einer günstigen Aktie darauf, dass andere Marktteilnehmer nach Ihnen die Unterbewertung erkennen und Ihnen den Wert dann irgendwann wieder teurer abkaufen. Bei der Dividende bekommen Sie eine direkte Verzinsung Ihres eingesetzten Geldes aus dem Unternehmen.

Ein ganz wichtiges Kriterium bei Dividenden ist ihre Kontinuität. Wenn ein Unternehmen eine substanzielle Ausschüttung tätigt, die den erwirtschafteten Gewinn weit übersteigt, dann wird das Tafelsilber verschenkt, also die Dividende aus der Substanz bezahlt. Dies ist naturgemäß nicht beliebig wiederholbar. Mehrere Unternehmen,

Exkurs: Der Trick mit der Gratisaktie

Wie Sie in Kapitel 5 noch im Detail sehen werden, kennt die Kreativität vieler Unternehmen in der Kommunikation mit dem Anteilseigner kaum eine Grenze, selten sind die verkündeten Neuigkeiten oder Maßnahmen für den Anleger jedoch so bedeutsam, wie in den Unternehmensmitteilungen suggeriert wird. Ein Musterbeispiel hierfür sind die Erläuterungen, warum ein Unternehmen keine Dividende zahlt.
Legitime Gründe sind fehlende Profitabilität (wobei Anleger in diesem Fall prüfen sollten, warum dies so ist) oder Investition der erzielten Gewinne in das Wachstum des Unternehmens. Das ist insbesondere bei jungen, wachstumsstarken Werten vollkommen legitim.
Eine immer wieder anzutreffende Form der Ausrede ist der Hinweis auf andere Leistungen an den Aktionär. Populär ist etwa der Hinweis, dass anstelle einer Bardividende Gratisaktien ausgegeben werden. Dabei müssen Sie wissen, dass Gratisaktien, die eigentlich Berichtigungsaktien heißen, zwar umsonst sind, aber leider überhaupt nichts bringen. Diese Papiere entstehen, wenn die Gesellschaft Rücklagen in gezeichnetes Kapital umbucht. Diese Änderungen sind neutral, Investmentbanker sprechen von einer »Operation Blanche«. So kann sich bei der Ausgabe von Berichtigungsaktien etwa die Anzahl der ausstehenden Aktien verdoppeln. Da sich am Vermögen der Gesellschaft jedoch nichts geändert hat, geht die Verdopplung der Aktienzahl (wie bei einem Split) mit einer Halbierung des Kurses einher. Hatten Sie vorher 500 Aktien zu 10 Euro, besitzen Sie nun 1.000 Aktien zu jeweils 5 Euro. Damit ist die Position unverändert 5.000 Euro wert. Lassen Sie sich also keinen Bären aufbinden.

die in der Übertreibungsphase des Neuen Marktes massiv Geld eingesammelt haben, schütteten in den vergangenen Jahren einen Großteil dieser Überliquidität aus. Hier sind Namen wie Syzygy, Atoss oder Onvista zu nennen. Auch die Veräußerung eines kompletten substanziellen Geschäftsbereichs, wie bei der Berliner IT-Firma Teles oder dem ehemaligen DAX-Wert Altana, kann der Anlass für eine Sonderausschüttung sein. Diese Ausschüttungen werden naturgemäß nicht vom Kurs wieder aufgeholt, sind somit kein Kaufanreiz. Als Faustregel können Sie sich merken, dass die Dividende nicht zwei Jahre in Folge höher als der Gewinn je Aktie ist.

Aber auch abseits von Sonderausschüttungen gibt es Unternehmen mit einer zyklischen Höhe der Ausschüttung, eben weil die Geschäftsergebnisse stark schwanken. Musterbeispiele für ein derartiges Auf und Ab sind kleine Finanzdienstleister, beispielsweise Makler und Broker.

Zusammenfassung: Empfehlungen für die Arbeit mit der Dividendenrendite

- Favorisieren Sie Werte mit einer hohen Dividendenrendite. »Höhe« ist zu einem guten Teil ein relativer Begriff. In Zeiten niedriger Alternativverzinsungen (Anleihen) sollte Ihr Anspruch geringer sein als in Phasen, in denen sichere Anleihen hohe Verzinsungen bieten.

- Im Langfristvergleich dokumentiert die Dividendenrendite besser als andere Kennzahlen, ob der Gesamtmarkt hoch oder niedrig bewertet ist.

- Berichtigungsaktien sind kein Ersatz für Dividenden.

- Hohe Dividenden sind ausschließlich interessant, wenn sie kontinuierlicher Art sind. Sonderausschüttungen und Bonusdividenden sind kritischer zu sehen, besonders dann, wenn sie aus der Substanz finanziert sind.

4.4 Sinnvolles Arbeiten mit Kennzahlen

Vor der abschließenden Beantwortung der Frage, wie welche Kennzahl am besten eingesetzt werden kann, sollte noch der nicht ganz unwesentliche Aspekt der Datenverfügbarkeit angesprochen werden.

Abbildung 16: Wichtige unternehmensbezogene Kennzahlen im Überblick (1)

Kennzahl	Vorteile	Nachteile	Hinweise	Fazit
Eigenkapitalquote	dokumentiert anschaulich den Verschuldungsgrad und das daraus resultierende Risiko	reine Bilanzkennzahl, kann durch stille Reserven und Lasten verzerrt sein	dokumentiert Substanz, nicht aber Ertragsseite; deutliche Abweichungen zwischen den Branchen	sinnvolle Kennzahl für einen ersten Überblick über die Substanz
Eigenkapitalrendite	zeigt, was der Aktionär auf sein Kapital verdient	schwache Eigenkapitalquote fördert hoher Eigenkapitalrendite	sagt nichts über die Substanz aus	nur sinnvoll in Kombination mit Substanzkennzahlen
Umsatzrendite	veranschaulicht Attraktivität des Geschäfts und Marktstellung	sehr branchenabhängig	interessant als »Potenzialkennzahl«	gehört auf jeden Fall mit in die »Werkzeugkiste«
Nettoliquidität/ Nettoverschuldung	vermittelt anschaulich das (evtl. nicht vorhandene) Risikopolster	sagt überhaupt nichts über das operative Geschäft aus – Geld kann aus Kapitalerhöhung stammen	sollte in jedem Fall angeschaut werden, auch als Basis für andere Kennzahlen	sollte nicht vergessen werden
Cash-burn-Rate	zeigt, wie ernst es um das Unternehmen bestellt ist	reines Risikomaß	nur für »Start-ups« interessant – »normale« Unternehmen sollten keine Cash-burn-Rate haben	brauchbar etwa bei Biotechs, sonst eher selten
ROCE	Kapitaleinsatz und Profitabilität werden kombiniert	keine branchenübergreifende Aussagekraft	nur für Unternehmensanalyse interessant	gut zu kennen, nicht mehr

Abbildung 17: Wichtige unternehmensbezogene Kennzahlen im Überblick (2)

Kennzahl	Vorteile	Nachteile	Hinweise	Fazit
KGV	bringt das Wesentliche auf den Punkt	bei »künftigen« KGV ist die Basis halt nur eine Prognose, Gewinne sind manipulierbar	insbesondere der Trend und ein über Jahre beobachtetes stetiges KGV sind interessant	Basiskennzahl
KCV	im Vergleich zum KGV recht resistent gegenüber »Manipulationen«	schwieriger zu prognostizieren, zudem branchenabhängig	kombiniert gut den Börsenwert und die »echte« Ertragskraft	nützliche Kennzahl
KBV	sinnvolle Kennzahl, um den »Vertrauensvorschuss« der Börse zu erkennen	manipulierbar – progressive Aktivierung führt zu einem niedrigen KBV	gute Kombination, um Börsenwert und Bilanz in Relation zu setzen	Basiskennzahl
KUV	leicht zu ermitteln, liefert laut einigen Statistiken probate Kaufsignale	methodisch unsinnig, sehr leicht manipulierbar	deutliche Nachteile können zum Teil über andere Kennzahlen (etwa Verschuldungsgrad) ausgeglichen werden	isoliert betrachtet nicht sehr sinnvoll
EV/Sales	nimmt dem KUV einen wesentlichen Nachteil, die Nicht-beachtung der Schulden	Renditen werden nicht beachtet, deshalb nur im Branchenvergleich sinnvoll	Mehrarbeit für Privatanleger, nur in Datenbanken professioneller Marktteilnehmer obligatorisch enthalten	Basiskennzahl
EV/EBITDA	bringt Unternehmenswert im Einklang mit bereinigtem Gewinn	Bereinigung von Ergebnissen verdeckt oft Schwachstellen	Unternehmen werden so unabhängig von Finanzstruktur verglichen	vor allem im Branchenvergleich eine sinnvolle Kennzahl
Dividendenrendite	die einzige Kennzahl, die Börsenwert in Bezug auf einen Zahlungsstrom relativiert	Sonderausschüttungen können verzerren – Wachstumsunternehmen reinvestieren bewusst	insbesondere bei »gereiften« Unternehmen eine akkurate Größe	Basiskennzahl

Professionelle (und sündhaft teure) Informationssysteme wie Bloomberg, Reuters oder Thomson stehen in den wenigsten Büros von Privatanlegern. Diesen bleibt in der Regel nur das Sichten von kostenlosen Informationen im Internet, die allerdings so schlecht nicht sind. Informationsseiten wie etwa »Onvista« oder Anlegermagazine wie »Börse Online« bieten eine Vielzahl von Kennzahlen zu den meisten börsengehandelten Unternehmen.

Hier finden Sie sicher eine profunde Basis, auf die sich aufbauen lässt. Je exotischer und marktenger der Wert, umso schwieriger ist indes die Informationsbeschaffung. Hier müssen Sie zweifelsohne nachjustieren. Generell gilt, dass eine Überprüfung von Kennzahlen sinnvoll ist. Wenn Sondereffekte etwa ein Ergebnis nachhaltig beeinflussen, ist dies aus einer reinen Datenbank nicht abzulesen.

Welche Kennzahlen für eine fundierte Einschätzung am sinnvollsten sind, darüber lässt sich trefflich streiten. Ich halte es zudem für legitim, wenngleich auch diskussionswürdig, mit starren Mustern und Filtern quer über alle Branchen vorzugehen, zumal ein gut strukturiertes Portfolio nach meinem Dafürhalten »Value-Aktien« und »Growth-Aktien« enthalten sollte.

Wichtig ist in jedem Fall eine Kombination verschiedener Kennzahlen, um ein abgerundetes Bild zu bekommen. Idealerweise geben dabei einige Kennzahlen sinnvolle Hinweise zur Bewertung des Unternehmens, andere dokumentieren das operative Geschäft sowie die Bilanzstruktur. In Abbildung 16 und 17 werden noch einmal die Einschätzungen zu diversen Kennzahlen – sowohl unternehmensspezifisch als auch bewertungsbezogen – kurz zusammengefasst.

Mit den genannten Kennzahlen kommen Sie in den meisten Branchen zweifelsohne gut weiter. Begrenzte Anwendungen dieser Standardkennzahlen sind sicherlich bei Finanzunternehmen, Beteiligungsgesellschaften oder auch forschenden Biotechwerten zu konstatieren.

- Ich habe in meiner beruflichen Praxis die Erfahrung gemacht, dass eine Betrachtung des KGV, der Relation von EV zum Umsatz und der Dividendenrendite die Bewertungsseite bereits gut abdecken. Eine Betrachtung der Eigenkapitalquote, der Nettoliquidität und der Umsatzrendite wiederum ermöglichen einen schnellen Einblick in die operativen Qualitäten des Unternehmens.

5 Über den Umgang mit Informationen

5.1 Mögliche Informationsquellen im Überblick

Nochmals zur Erinnerung: Erfolgreiche Spekulation basiert immer auf einem Wissens- oder Informationsvorsprung. Damit sind nicht Insidergeschäfte gemeint, bei denen zum Beispiel Vorstände oder Aufsichtsräte ihren beruflich bedingten Informationsvorsprung etwa zum Verkauf eines Aktienpakets vor der Veröffentlichung einer Gewinnwarnung geldwert nutzen. Auch abseits solcher illegalen Aktionen geht es immer darum, besser und früher als andere zu erkennen, ob eine Aktie günstig oder teuer ist. Genau genommen wollen Sie bei jeder abgeschlossenen Transaktion doppelt so schlau sein wie andere Investoren. Sie kaufen jemandem einen Dividendentitel zu einem günstigen Preis ab und verkaufen dieses Papier später wieder an jemanden zu einem höheren Preis. Angenommen, Sie sind erfolgreich und zwischen Kauf und Verkauf liegen in einem überschaubaren Zeitraum 50 Prozent Kursgewinn. Der damalige Verkäufer hat die Perspektiven offenkundig unterschätzt, sonst hätte er einen höheren Preis verlangen müssen. Vorausgesetzt, die betroffene Aktie steigt nun nicht weiter oder fällt sogar, haben Sie ein weiteres Mal die Situation besser als ein anderer Investor (in diesem Fall der neue Käufer) eingeschätzt.

Erfolgreiche Spekulanten müssen den Ehrgeiz haben, früher als andere Zusammenhänge zu sehen, zu erkennen und im Depot umzusetzen. Informationen, die Sie über die vielfältigsten Quellen (Medien, Eigenrecherche, Banken etc.) erhalten, sind der Schmierstoff in diesem Kreislauf. Je mehr Informationen Sie verarbeiten können, umso besser. Bei jeder Verarbeitung einer Information müssen Sie sich drei Fragen stellen:

1. Ist diese Information oder Erkenntnis kursrelevant?

2. Ist diese Information oder Erkenntnis in breiten Teilen im Markt bekannt?

3. Wird sich diese Erkenntnis noch durchsetzen?

An dieser Stelle muss nochmals betont werden, dass es nicht darum gehen darf, Insider-Informationen zu erkennen oder nutzen.

Es gibt aber viele Früherkennungen und Schlussfolgerungen, die vollkommen legitim sind. Wenn Sie etwa vor einigen Jahren erkannt hätten, dass der Staat massiv erneuerbare Energien fördern würde und früh auf die entsprechenden Aktien gesetzt hätten, hätten Sie legal viel Geld verdienen können. Auch der konsequente Verkauf von Bankaktien unmittelbar nach Ausbruch der Kreditkrise im Sommer 2007 war ebenso legitim wie geldwert.

In diesem Unterkapitel will ich darstellen, wie vielfältig Sie an Informationen gelangen und wie Sie diese sinnvoll und kritisch auswerten können.

Exkurs: Wie eng Informationen und Kurse zusammenhängen

Die geldwerte Nutzung von relevanten Informationen ist beileibe kein Phänomen des 21. Jahrhunderts. Seit es organisierte Märkte gibt, können alle, die etwas Kursrelevantes in Erfahrung gebracht haben, damit Geld verdienen. Wer zum Beispiel zu Zeiten des Kolonialismus früher als andere erfuhr oder erkannte, dass die in Übersee eingefahrenen Ernten von Kakao, Kaffee, Tabak oder Baumwolle schlecht ausfielen, konnte am Terminmarkt in London Geld verdienen.

Ein prominentes historisches Beispiel für den Zusammenhang zwischen Informationen und Kursen am Kapitalmarkt trug sich 1815 zu, am Ende der napoleonischen Kriege. Es war offensichtlich, dass der Ausgang der Schlacht von Waterloo die europäischen Volkswirtschaften, Börsen und Staatshaushalte nachhaltig beeinflussen würde. Dies betraf auch die Kurse von britischen Staatsanleihen, sogenannter Consols. Bei einem Sieg Napoleons hätten Consols deutlich an Wert verloren, bei einer Niederlage des Korsen hätten sie hingegen kräftig an Wert gewonnen.

Der Bankier Nathan Rothschild wusste um diese Brisanz und hatte in Kontinentaleuropa einen Informanten namens Mr. Rothworth. Dieser fuhr noch am Nachmittag des 19. Juni 1815 (dem Tag nach der Entscheidung zugunsten der Alliierten) über den Ärmelkanal. Rothschild konnte am kommenden Morgen das in London noch nicht präsente Wissen geldwert umsetzen.
Er hat seinen Wissensvorsprung äußerst kühl ausgenutzt. Der Bankier begann, im großen Stil Consols zu verkaufen, suggerierte also dem Markt, dass er an fallende Kurse glaubt. Die Nachricht, dass der gut informierte Rothschild verkauft, ging schnell auf dem Parkett um und fand viele Nachahmer. Die Kurse der Consols stürzten ab. Rothschild wiederum wechselte auf die Käuferseite und erwarb massiv Consols. Die Kurse stabilisierten sich zunächst und stiegen dann kräftig, als kurze Zeit später die Niederlage Napoleons offiziell bekannt wurde. Rothschild hat an diesem Tag mit dem Ausnutzen seines Wissens aus einem großen Vermögen ein sehr großes Vermögen gemacht.

5.2 Effiziente Nutzung der wichtigsten Quellen

Selbst vor rund zwanzig Jahren stellte die Informationsbeschaffung viele Anleger vor große Hürden. Dies hatte zur Folge, dass manche Informationen durchaus ihre Zeit brauchten, bis sie im Markt eingepreist waren. In Zeiten, in denen Anleger die aktuellsten Kurse nachmittags in den Schaufenstern der örtlichen Sparkasse ablesen konnten und fundierte Unternehmensinformationen bestenfalls in Form der jährlichen Geschäftsberichte verteilt wurden, war Information ein knappes Gut.

Heute ticken die Uhren anders. Sie können sich morgens um 6:00 Uhr an den Computer setzen und via Internet verfolgen, wie sich die Börsen in Asien entwickeln und welche Nachrichten dort die Märkte bewegen. Praktisch jede Minute laufen Meldungen aus den Unternehmen, der Politik oder von Analystenseite über den Ticker. Die Beschaffung von Informationen ist kein Problem mehr. Wer über einen Internetanschluss verfügt und die nötige Zeit aufbringen kann, findet praktisch alles, was das Anlegerherz begehrt – und das zu einem großen Teil kostenfrei.

Das heißt aber nicht, dass Anleger es nun viel einfacher haben als früher, erfolgreich zu spekulieren. Denn die Informationsvielfalt bringt zwei ganz entscheidende Nachteile mit sich: 1. Die Vielfalt geht mit einer totalen Unübersichtlichkeit einher. Eben weil Sie täglich tausende Meldungen und Einschätzungen lesen können, ist es eine echte Sisyphusarbeit voller Fallstricke und Irrwege. 2. Es geht bei der Informationsverarbeitung immer um relative Vorteile gegenüber anderen Marktteilnehmern. Schön, dass Sie wissen, was rund um den Globus passiert. Leider verfügen die anderen über die gleichen Möglichkeiten. Zwar ist, was aus Privatanlegersicht sehr erfreulich ist, festzuhalten, dass der technologische Fortschritt dafür gesorgt hat, dass Private heutzutage in vielen Facetten gegenüber den Institutionellen gleichgezogen haben (Zugang zu Handelssystemen, Echtzeitkurse etc.), doch bleibt festzuhalten, dass Wissen insgesamt vollkommen sozialisiert wurde.

Die heutige Herausforderung für den Anleger liegt nach meiner Einschätzung in der Fertigkeit, Informationen sinnvoll zu selektieren und kritisch auszuwerten. Besonders bei den Informationen aus den Unternehmen selbst ist eine kritische Lektüre geboten, sind diese Ausführungen doch per se subjektiv und alles andere als unabhängig. Wer es als Anleger jedoch versteht, den Nachrichtenfluss zu kontrollieren und effizient zu nutzen, der kann sein Portfolio sehr gut voranbringen. In den nachfolgenden Unterkapiteln werde ich die möglichen Informationskanäle durchgehen und erläutern, was zu beachten ist.

5.2.1 Pressemitteilungen

Die einfachste und verbreitetste Form der Unternehmensinformation ist die schlichte Pressemitteilung. Diese kurzen Mitteilungen sind wahre Allzweckwaffen der Unternehmenskommunikation. Ganz gleich, ob ein Firmenjubiläum ansteht, ein neues Produkt eingeführt wurde oder die Verhandlungen über eine neue Betriebsvereinbarung zum Abschluss kamen: Die Anzahl der Möglichkeiten und Anlässe, an die Öffentlichkeit zu gehen, ist grenzenlos. Dementsprechend nutzen Unternehmen diese Art der Informationsverbreitung besonders häufig.

Sie als Anleger werden mit den Mitteilungen entweder direkt konfrontiert, indem Sie die entsprechenden Nachrichten auf Finanzportalen lesen, oder indirekt über Zeitungs- und Zeitschriftenartikel, die oftmals den Wortlaut aus der Originalmitteilung beinhalten. Vor allem die von Nachrichtenagenturen verfassten Artikel zeichnen sich durch eine hohe Übereinstimmung mit dem Originalwortlaut der Firmen aus.

Über diese Wege erhalten Anleger heute umfassende Informationen darüber, was in »ihrem« Unternehmen vor sich geht. Wenn Sie bei einem größeren börsennotierten Konzern auf dessen Homepage die Unterrubrik »Pressemitteilungen« durchschauen, ertrinken Sie förmlich in zumeist mäßig relevanten Informationen. Halten Sie sich nicht zu viel mit diesen Daten auf. Sie sind in ihrem Inhalt zumeist nicht geeignet, den Kursverlauf nachhaltig zu beeinflussen. In organisierten Märkten (Prime Standard, General Standard etc.) sind börsennotierte Unternehmen ohnehin gezwungen, kursrelevante Nachrichten über eine Ad-hoc-Mitteilung zu verbreiten.

Die Lektüre von Pressemitteilungen (oder darauf basierenden Kursberichten oder Tickermeldungen) gehört nicht zu den Pflichtaufgaben eines Investors, sondern ist eher der Kür zuzuordnen. Ich vergleiche die Lektüre dieser kleineren Meldungen zu einem Unternehmen mit dem Lesen von Sportberichten. Es gibt Fußballfans, die sind rein ergebnisorientiert und wollen nur wissen, wie ihr Lieblingsverein gespielt hat. Andere wollen die Spiele komplett sehen, wiederum andere interessieren sich für alle nur erdenklichen Details. Jemand, der sich akribisch in alle Nebensächlichkeiten vertieft, muss kein inniger Fan sein. Ein Anleger, der jede noch so nebensächliche Pressemitteilung liest, muss kein besserer Investor sein. Im Gegenteil: Während der Fan eine herzliche Beziehung zu seinem Verein aufbauen kann, sollte der Anleger immer eine kritische Distanz wahren.

Angesichts der niedrigen Kursrelevanz, die Pressemitteilungen haben, können sich die Verantwortlichen in den Unternehmen regelrecht »austoben«. Investoren müssen dabei aufpassen, dass sie nicht irgendwelche Nebelkerzen in den Weg geworfen bekommen. Firmen haben natürlich ein Interesse, die Situation im eigenen Hause nach außen so positiv wie nur möglich erscheinen zu lassen. Folgerichtig wird viel über bahnbrechende neue Produkte, Großaufträge und Ähnliches berichtet.

Der Kauf oder Verkauf einer Aktie, basierend auf einer Pressemitteilung, verbietet sich letztendlich. Nutzen Sie Pressemitteilungen, um Ihr Wissen über das Geschehen im Unternehmen abzurunden, doch machen Sie davon nicht abhängig, ob Sie in ein Unternehmen investieren oder nicht.

Zusammenfassung: Empfehlungen für die Arbeit mit Pressemitteilungen

- Der Grundsatz »mehr Information ist besser« gilt in diesem Fall nicht, bei Pressemitteilungen gilt es vielmehr, irrelevante Informationen auszusortieren.
- Definitionsgemäß dürfen Pressemitteilungen keine kursrelevanten Tatsachen enthalten (Ausnahme Entry Standard).
- Im Grundsatz sind »Corporate News« relevanter als reine PR-Mitteilungen.
- Die Freiheit, mit der Unternehmen ihre Pressemitteilungen anfertigen können, macht diese Informationsquelle anfällig für verzerrte Darstellungen. Seien Sie besonders auf der Hut, wenn reißerisch über Erfolge berichtet wird. Adjektive sollten prinzipiell mit großer Vorsicht genossen werden.
- In der Summe gehören Pressemitteilungen zu den weniger relevanten Informationsquellen eines Aktienanlegers.

5.2.2 Ad-hoc-Mitteilungen

»Die Ad-hoc-Pulibizitätspflicht erfüllt also zwei Funktionen. Als Instrument der kapitalmarktrechtlichen Publizität soll sie dem Publikum kapitalmarktbezogene Information bereitstellen. Als Instrument der Insiderprävention soll sie dazu beitragen, dass die mit den Insiderinformationen vertrauten Marktteilnehmer aus ihrem Informationsvorsprung keine wirtschaftlichen Sondervorteile zulasten der übrigen Anleger ziehen können.« (Aus: Gutzy/Märzheuser, Praxishandbuch Ad-hoc-Publizität)

Der Theorie nach ist eine Ad-hoc-Mitteilung in jedem Fall kursrelevant, denn diese Form von (elektronisch und in Echtzeit) übermittelter Information ist kursrelevanten Tatsachen vorbehalten. Typische Inhalte von Ad-hoc-Meldungen sind die Bekanntgabe von Geschäftsergebnissen, plötzliche Vorstandswechsel, die Verkündung von Großaufträgen oder auch Firmenübernahmen.

Weil Ad-hoc-Mitteilungen zeitgleich allen Marktteilnehmern, die vor einem Monitor mit Ticker sitzen, zur Verfügung stehen, ist es klar, dass es schwer bis unmöglich für einen einzelnen Anleger ist, aus diesen Informationen geldwerte Vorteile zu ziehen. Schwer, weil viele andere tausend Anleger zeitgleich dieselben Informationen erhalten haben und weil all diese Investoren ebenfalls auf sie reagieren können. Unmöglich, schneller als die anderen zu sein, wird es, wenn das betroffene Unternehmen zeitgleich mit der Verkündung der wichtigen Meldung die Börse bittet, die Aktie temporär vom Handel auszusetzen, was bei erwarteten starken Kursausschlägen der Fall ist.

Die geringe Möglichkeit, über reine Schnelligkeit aus einer Ad-hoc-Meldung Kapital zu ziehen, sollte Sie jedoch nicht davon abhalten, mit Ad hocs zu arbeiten. Es ist ohnehin sinnvoller, die nötige Zeit zu investieren, eine Ad hoc in Ruhe und vollständig durchzulesen. Ein Kauf aufgrund einer positiven Überschrift (siehe auch Kapitel 5.4) kommt einem Sprung ins Ungewisse gleich.

Die Börse braucht manchmal (und das gilt sowohl für Blue Chips wie auch für Spezialwerte) einige Zeit, bis sie bestimmte Informationen verarbeitet hat. Als beispielsweise das MDAX-Unternehmen Norddeutsche Affinerie am 11. Dezember 2007 mitteilte, im per Ende September abgeschlossenen Geschäftsjahr ein Rekordergebnis von 250 Millionen Euro erzielt zu haben und die Dividende gegenüber dem Vorjahr deutlich anhob, stieg der Kurs bei regem Handel erst um 3,4 Prozent, bröckelte dann aber wieder ab, ehe schließlich nach rund einer Stunde eine richtige Rally einsetzte und am Ende des Tages ein prozentual zweistelliges Plus auf den Kurstafeln stand. Es lag nicht an der Komplexität der lediglich dreizehn Zeilen langen Ad-hoc-Mitteilung, dass die Börse so langsam reagierte. Jeder besonnene Fondsmanager muss, ehe er mit größeren Summen bei einem Wert einsteigt, erst einmal abwägen, ob die Veränderung nachhaltig ist. In dieser Zeit der Urteilsfindung können Sie vorweg eilen.

Aber auch losgelöst von diesen kurzfristigen Trades, die mit Investieren recht wenig zu tun haben, ist die Lektüre von Ad hocs für Anleger ein Muss. Es ist immer davon auszugehen, dass in der Pflichtmitteilung etwas Kursrelevantes steht, auch wenn dem manchmal nicht so ist. Zu einer kontinuierlichen Überwachung des eigenen Portfolios gehört die Sichtung aller Ad hocs. Praktisch alle großen Finanzseiten veröffentlichen Ad hocs, auch die Internetseite des Anbieters DGAP ist eine ergiebige Quelle.

Übrigens ist auch die Lektüre älterer Ad-hoc-Mitteilungen durchaus sinnvoll. Genauso wie bei der Durchsicht älterer Geschäftsdaten und Unternehmensberichte bekommen Sie hier ein gutes Gespür für die Kontinuität des Geschäftsverlaufs. Auch Informationen über die »B-Note«, hiermit meine ich die Transparenz, Offenheit und Klarheit, mit der Unternehmen Ereignisse, vor allem negativer Natur, berichten, bekommen Sie in diesem Rahmen. Allzu weit zurückgehen sollten Sie jedoch nicht. Was vor sechs oder sieben Jahren veröffentlicht wurde, sollte nicht überbewertet werden. Insbesondere viele Unternehmen, die einst am Neuen Markt gelistet waren, haben einen deutlichen Reifeprozess in der Professionalität ihrer Berichterstattung durchgemacht. Irreführend ist auch die Überinterpretation alter Ad-hoc-Mitteilungen nach einem Wechsel des Managements. Vergleichbar ist dies mit einem Fußballteam, das von einem neuen Trainer gecoacht wird. Auch hier kann sich das Spielsystem massiv geändert haben, so dass eine Neubetrachtung angebracht ist.

Zusammenfassung: Empfehlungen für die Arbeit mit Ad-hoc-Mitteilungen

- Ad-hoc-Mitteilungen sind dem Grundsatz nach immer potenziell kursrelevant. Demnach ist ihre Lektüre für Aktienanleger immer eine Pflicht.

- Eine unmittelbare Umsetzung einer aus einer Ad hoc gewonnenen Tatsache in Form eines Kauf oder Verkaufs ist zumindest problematisch. Viele professionelle Anleger lesen die Information zeitgleich und können noch schneller handeln.

- Besser ist es zügig, aber nicht überhastet zu agieren. Auf jeden Fall sollte die Meldung von Anfang bis zum Ende durchgelesen werden. Eventuell fehlende Informationen sollten erst eingeholt werden, ehe gehandelt wird.

- Weil alle Anleger mit diesem Problem konfrontiert sind, dauert es manchmal einige Zeit, bis eine Ad hoc wirklich »eingepreist« ist. In dieser Phase können Sie durchaus noch profitabel zuschlagen. Trades wie diese sollten aber nur in Ausnahmefällen und allenfalls zur Ergänzung von normalen Investitionen durchgeführt werden.

- Auch die Lektüre älterer Ad hocs kann informativ sein. Sie erfahren hier einiges über die Historie des Unternehmens und seinen Umgang mit den Anteilseignern.

- Wie für alle Meldungen gilt das Prinzip des »Abschminkens« (siehe Kapitel 5.4). Versuchen Sie in jedem Fall kritisch zu hinterfragen, was Ihnen da in Kurzform präsentiert wird.

5.2.3 Hauptversammlungen

Das Internetzeitalter und die ständige Verfügbarkeit aktueller Informationen über das jeweilige Unternehmen nimmt der Hauptversammlung, dem jährlichen Treffen von Unternehmensführern und den verschiedenen Eigenkapitalgebern, beinahe zwingend seine Berechtigung. Im Gegensatz zu früher wird auf einer Hauptversammlung selten etwas »Neues« erzählt; etwas Kursbewegendes dürfte nur selten zu erfahren sein. Daher sollten Sie die Reise zu einer Hauptversammlung nicht mit zu hohen Erwartungen antreten. Dennoch ist der eine oder andere Besuch von Hauptversammlungen aus folgenden Gründen durchaus sinnvoll. So bieten Hauptversammlungen

- ... die Möglichkeit, wichtigen unternehmerischen Entscheidungen zuzustimmen oder diese abzulehnen. Zwar reicht der Kapitalanteil des typischen Privatinvestors kaum aus, um Einfluss auszuüben, doch vereint mit anderen Anlegern ist es durchaus möglich, strittige Entscheidungen zu blockieren, mindestens aber ein Zeichen zu setzen.

- ... eine gute Möglichkeit, sich mit anderen, »temporär gleichgesinnten« Anlegern zu treffen und auszutauschen. Dieser Austausch ist – ähnlich wie die Diskussion auf Ebene von Chatforen oder Aktienclubs – eine sinnvolle Angelegenheit.

- ... eine Gelegenheit, den Vorständen persönlich zu begegnen. Diese Möglichkeit der Einsicht in das Unternehmen ist vor allem bei kleineren und mittelgroßen Firmen nicht zu unterschätzen. Hier ist der Einfluss der Firmenlenker, die zumeist noch wesentliche Teile des Kapitals besitzen, erheblich.

Beim Besuch einer Hauptversammlung geht es nicht unbedingt darum, neue Informationen über das Unternehmen zu erhalten und daraus sinnvolle Rückschlüsse über die Aktie zu ziehen. Zwar wird auf einer Hauptversammlung normalerweise der Geschäftsbericht des Vorjahres ausgelegt, doch sollten Sie mit dem Besuch von Hauptversammlungen normalerweise nicht mehr harte Fakten erhalten, als etwa im Fall von Recherchen im Internet.

Nützlich ist jedoch die Nähe zur Firmenleitung. Damit meine ich den direkten Dialog. Hoch bezahlte Führungskräfte werden an diesem Tag wieder auf den Boden der Tatsache zurückgeholt: Die Vorstände sind Angestellte der Gesellschaft und stehen somit indirekt in Lohn und Brot bei den Aktionären. Dementsprechend stehen Vorstände nicht nur dem Gesetz nach in der Pflicht, den Aktionären gegenüber Zeugnis über ihre Arbeit abzulegen.

Sie können am Tag der Hauptversammlung so gut wie ansonsten selten erkennen, ob ein Unternehmen und seine Führung die Anteilseigner so wichtig nehmen, wie es geboten ist. Zudem bekommen Sie ein authentisches Bild, ob das Firmenmanagement seinen Job im Griff hat.

Stellen Sie (sich) einfache, aber kritische Fragen: Legen die Vorstände Risiken und Chancen des Geschäftsmodells transparent offen? Wird klar und offen berichtet, worauf erfolgreiche Zahlen beruhen (etwa bei Sondereffekten)? Geht der Vorstand mit kritischen Fragen souverän und offen um? Wird auf Fragen eingegangen oder ihnen ausgewichen? Wirken die Führungskräfte souverän und seriös? Fragen Sie sich (gerade bei kleineren Unternehmen), ob Sie den Vertretern des Managements einen Gebrauchtwagen abkaufen würden.

Das Praktische an Hauptversammlungen ist der Umstand, dass Sie im Gegensatz zum sonstigen »Anlegeralltag« hier nicht allein sind. Viele andere Investoren haben das gleiche Interesse. Aktionärsvereinigungen und manchmal auch Fondsmanager nutzen Hauptversammlungen gerne zum »Schaulaufen« in Form von guten Fragen. Hier sind die übrigen Aktionäre sicher eine echte Hilfe. Aber auch der Blick auf die anderen Anteilseigner liefert probate Rückschlüsse. Haben Sie das Gefühl, dass auf der Versammlung viele spekulative »Zocker« herumlaufen? Wenn dies der Fall ist, und die Aktie in der Vergangenheit bereits sehr gut gelaufen, dann besteht die Gefahr, dass hier das letzte Kapitel einer Übertreibungsphase geschrieben wird. Im Umkehrschluss ist es ein positives Signal, wenn bekannte und erfolgreiche Finanzinvestoren auf einer Hauptversammlung getroffen werden.

Zusammenfassung: Empfehlungen zum Umgang mit Hauptversammlungen

- Hauptversammlungen bieten einen guten Rahmen, die Kenntnisse über eine bestimmte Aktie zu vertiefen. Sie werden aber zumeist keine neuen Erkenntnisse liefern.

- Die präsentierten Unterlagen geben sicher einen guten Überblick und zeigen, wo Unternehmen stehen bzw. in einigen Jahren stehen wollen. Dabei sollten aber bereits bekannte Ziele und Tatsachen publiziert worden sein.

- Sie bekommen auf Hauptversammlungen einen guten Einblick in die Personen, die letztendlich Ihr Vermögen treuhänderisch verwalten: die Vorstände. Es ist ausgesprochen wichtig, die Kompetenz, Verlässlichkeit und Seriosität des Managements von Unternehmen einschätzen zu können. Die Abhängigkeit vom Vorstand nimmt für gewöhnlich zu, je kleiner ein Unternehmen ist.

- Aktionäre haben (Stimm-)Rechte. Diese können letztlich nur auf Hauptversammlungen ausgeübt werden.

- Auch die anderen Anteilseigner auf Hauptversammlungen geben interessante Rückschlüsse. Wirken diese auf Sie eher spekulativ oder überlegt und langfristig orientiert?

- In der Summe liefern Hauptversammlungen ein recht gutes Bild über die Führung von Unternehmen. Wegen des hohen Aufwands ist der Besuch von Hauptversammlungen aber nur ein »Kann« im Rahmen der Informationsbeschaffung.

5.2.4 Zwischenberichte/Geschäftsberichte/ Emissionsprospekte

Um es gleich vorwegzunehmen: Die jährlichen Geschäftsberichte und die Verkaufsprospekte bei Neuemissionen und manchen Kapitalerhöhungen sind die fundiertesten, objektivsten und nachhaltigsten Informationsquellen, die einem Anleger zur Verfügung stehen. Leider sind sie auch die umfangreichsten und somit die am schwersten auszuwertenden Informationsquellen. Doch wenn Sie sich von der Komplexität nicht abschrecken lassen und ein bisschen Routine bei der Lektüre dieser oft mehrere hundert Seiten umfassenden

Wälzer entwickeln, dann haben Sie die Chance, aus Geschäfts- und Zwischenberichten nützliche Informationen zu gewinnen.

Der Umfang und die juristische Relevanz der Berichte verleiht diesen ihre Ergiebigkeit. Die Vielfalt, die Schnelligkeit und die Genauigkeit, mit der Aktionäre heutzutage mit zuverlässigen Informationen vor allem in den Pflichtberichten »verwöhnt« werden, ist nicht hoch genug anzupreisen. Ein Blick in andere Industrieländer, in denen deutlich weniger berichtet wird, oder die Erinnerung, was hierzulande noch vor zwanzig Jahren an vergleichbarer Information zur Verfügung stand, sollte Sie ermahnen, die Berichte entsprechend wertzuschätzen.

Die Menge an Daten, die aufgenommen werden, ist tatsächlich eine Herausforderung. Ein Geschäftsbericht hat bereits bei einem mittelgroßen Unternehmen einen Umfang von über hundert Seiten, davon macht der für Sie relevante Teil rund die Hälfte aus. Dazu kommen noch einmal drei Quartalsberichte von ebenfalls rund zwanzig bis dreißig Seiten. Wenn Sie bedenken, dass im Depot mehr als eine Aktie liegt und zusätzliche Werte noch beobachtet werden, kommen Sie schnell auf einen Leseumfang von weit über tausend Seiten im Jahr. Auf den ersten Blick erschreckt dies. Wenn Sie etwa »Spiegel« und »Focus« abonniert haben, wälzen Sie pro Woche grob geschätzt dreihundert Seiten. Sollten Sie dazu noch eine überregionale Tageszeitung wie die »FAZ« oder die »Süddeutsche« lesen, kommen Sie mit den entsprechenden Texten wahrscheinlich in einem Zeitraum von nur zwei Wochen auf das Jahrespensum an Quartals- und Geschäftsberichten.

Dennoch ist eine ökonomische Lektüre Pflicht. Besonders der Geschäftsbericht, der neben der reinen Information auch den Zweck einer Image-Broschüre hat, beinhaltet ausgiebige Fotoserien über die Produkte, Zitate von verschiedenen Angestellten und Erinnerungen an historische Ereignisse. Dies ist zwar alles ganz nett – ob Sie eine Aktie kaufen oder verkaufen sollten, erschließt sich daraus aber nicht. Daher ist es angemessen, dass Sie sich auf die kursrelevanten

Daten konzentrieren. Schauen Sie sich die Bilanz, die Gewinn- und Verlustrechnung, den Cashflow und den Anhang ausgiebig an und werfen Sie ebenfalls einen kritischen Blick auf den Risiko- und Lagebericht. Im Jahresabschluss ist ein Blick auf das Testat und den Bericht des Aufsichtsrats unumgänglich. All diese Lektüren sind besonders dann geboten, wenn Sie aufgrund eines Kursverfalls oder kritischer Stimmen Dritter (Presse, Investoren, Banken) verunsichert sind, ob das Investment noch sinnvoll ist.

Geschäftsberichte (Jahresabschlüsse), Zwischenberichte und Verkaufsprospekte sind unterschiedlich umfangreich und justiziabel und dementsprechend unterschiedlich informativ. Ein Quartalsbericht ist ungenauer als ein Jahresabschluss, dieser kann mit einem Verkaufsprospekt, der beispielsweise die Abschlüsse über mehrere Jahre enthält, nicht mithalten. Deshalb sollten die unterschiedlichen Berichte auch im Einzelnen gewürdigt werden:

- *Quartalsberichte:* Deren Erstellung wird von vielen Unternehmen – das prominenteste Beispiel ist die Porsche AG – prinzipiell abgelehnt. Die Begründung für diese Ablehnung ist das kurze Zeitintervall, in dem kurze Schwankungen nicht entsprechend geglättet sind und voreilige Schlüsse bei den Anlegern zur Folge haben können. Zudem bestehe die Gefahr, so die Argumentation, dass Firmen mit Blick auf die Quartals-Schätzungen durch Analysten nur noch auf kurzfristige Gewinnoptimierung achten und längerfristige Investitionen scheuen. Ich halte diese Gründe für vorgeschoben. Wenn ein verschobener Auftrag oder eine wichtige Investition das Quartalsbild verzerrt, dann kann das Unternehmen dies erklären. Die Alternative, dass Investoren hinsichtlich der Geschäftsentwicklung ein halbes Jahr »im Dunkeln tappen«, halte ich für schlechter.
  Ein gut verfasster Quartalsbericht fängt saisonale Schwankungen schon allein dadurch auf, dass die Ergebnisse in Relation zum Vorjahr gesetzt werden. Sie können neben den erreichten Werten bei Umsatz, Gewinn und Cashflow zudem ablesen, ob sich in der Bilanz etwas nachteilig entwickelt hat (etwa Nettoliquidität) und

wie außergewöhnliche Ereignisse, etwa Akquisitionen, kommentiert werden. Manche Unternehmen berichten außerdem über Veränderungen in der Anteilseignerstruktur. Im kurzen Risiko- und Lagebericht wiederum wird oft auf den jüngsten Jahresabschluss verwiesen (»Gegenüber den im Jahresabschluss genannten Risiken ergaben sich keine wesentlichen Veränderungen«). Allein deshalb und weil der Jahresabschluss im Gegensatz zum Quartalsbericht von einem Wirtschaftsprüfer testiert wird, ist seine Relevanz höher.

- *Jahresabschluss/Geschäftsbericht:* Gewinn- und Verlustrechnung werden oftmals umfangreicher als in den Quartalen ausgeführt, auch wird mehr auf den Erfolg und Misserfolg innerhalb einzelner Geschäftsbereiche und Regionen eingegangen. Im Risiko- und Lagebericht wird auf alle für die Unternehmensführung erkennbaren und wichtigen Risiken eingegangen, was für Sie ein echter Fundus sein kann. Firmenlenker, die hier nicht auf mögliche Engpässe in der Finanzierung eingehen, betreten juristisch heikles Terrain, weshalb sie im Normalfall sehr genau die Risiken dokumentieren. Das vom Wirtschaftsprüfer bestellte Testat liefert ebenfalls einen Mehrwert (siehe auch Kapitel 5.3.4).

- Wenn ein Jahresabschluss gute Informationen liefert, dann bietet Ihnen ein *Verkaufsprospekt* (bei einem Börsengang/IPO), der die drei letzten Jahresabschlüsse inklusive Testate in Kurzform erhält, einen wirklichen Einblick in die Chancen, aber vor allem Risiken des Geschäftsmodells. Neben dem sehr umfangreichen Zahlenwerk ist das ebenso üppige Kapitel mit Risikofaktoren hervorzuheben. Aufgrund des Umfangs haben neuere Verkaufsprospekte, die bei großen Unternehmen schnell dreihundert bis vierhundert Seiten ausmachen, dem Kapitel über Risikofaktoren eine kurze Zusammenfassung vorangestellt. Die Lektüre der Auflistung von Risikofaktoren ist eine Pflichtaufgabe. Da die Firmenlenker verpflichtet sind, alle Risiken aufzuführen, lesen sich diese Passagen aber ein wenig wie die Packungsbeilagen von Medikamenten – abschreckend. Wer jedoch mehrere Prospekte durchgelesen hat, lernt recht schnell, allgemeine und immer aufgeführte Risiken von den »echten« unternehmensspezifischen Risiken abzugrenzen.

Fernab der in den verschiedenen Unternehmensberichten geführten Zahlen und Informationen bekommen Sie mit diesen Berichten eine eindrucksvolle Visitenkarte des Unternehmens in die Hand. Sie können sehen, ob die Information des Anteilseigners als eine lästige Pflicht oder als echte Dienstleistung betrachtet wird. Umfang, Ehrlichkeit, Genauigkeit und Transparenz der Information dokumentieren, welche Wertschätzung Ihnen gegenüber gebracht wird. Wenn eine Firma schwerwiegende Probleme klar und offen anspricht und darauf eingeht, wie diese gelöst werden sollen, wird sie es aller Wahrscheinlichkeit nach bei künftigen Schwierigkeiten ebenso tun.

Zusammenfassung: Empfehlungen für die Auswertung von Unternehmensberichten

- Unternehmensberichte, also primär Quartalsberichte und Geschäftsberichte, sind absolute Pflichtlektüren für einen Anleger.
- Effizientes Lesen ist geboten. Besonders der Geschäftsbericht enthält einen umfangreichen »Bilderteil«, dessen Lektüre ein »nice to have« ist, jedoch alles andere als eine Pflicht darstellt.
- Konzentrieren Sie sich auf den Jahresabschluss inklusive Bilanz, Gewinn- und Verlustrechnung, Cashflow, Anhang und Testat sowie den Risiko- und Lagebericht sowie auf alle im Bericht enthaltenen Prognosen
- Neben der reinen Information zählt die »B-Note«: Wie informiert das Unternehmen seine Geldgeber? Haben Sie den Eindruck, dass offen alle möglichen Probleme angesprochen werden oder werden eher positive Nebensächlichkeiten betont? Geht das Management auf die Lage ein oder betreibt es auf überzogene Weise Marketing in eigener Sache? Werden nachvollziehbare

und kontinuierliche Kennzahlen benutzt oder wechselt das Unternehmen häufiger die Kennzahlen?

- Die hohe juristische Relevanz für den Vorstand zwingt diesen, besonders im Jahresabschluss alles offen anzusprechen. Deshalb sind gerade hier die kritischen Aspekte recht lückenlos aufgelistet. In Quartalsberichten wird bezüglich der wichtigsten Risiken gerne auf den letzten Geschäftsbericht verwiesen. Sie sollten ihn zur Hand haben.

5.2.5 Analystenstudien

Analysten- oder Bankenstudien spielen eine überaus wichtige Rolle im Aktienmarkt. Sie werden nicht nur von den Instituten selbst und deren Kunden bei Investmententscheidungen genutzt, sondern oftmals auch von außenstehenden Akteuren. Der Gebrauch dieser Expertise ist aus Sicht des Kleinanlegers ein zweischneidiges Schwert. Zweifelsohne ist ein Bankanalyst ein gut ausgebildeter Finanzexperte mit klarem Fokus auf eine Branche (etwa Automobile, Konsum oder Pharma) und jemand, der Chancen und Risiken der zu analysierenden Unternehmen fundierter abdecken kann als ein konventioneller Anleger. Das lässt sich schon aus dem Aufwand ableiten, der hier betrieben wird. Üblicherweise »covern« Bankanalysten rund zehn bis fünfzehn Aktien und das in einem Vollzeitjob. Daraus ergibt sich rein rechnerisch ein profunder Einblick in die Chancen und Risiken der jeweiligen Wertpapiere. Die Expertise des Bankanalysten ist vollkommen unstrittig, doch sollten Sie sich aus einer Vielzahl von Gründen nicht blind bei Ihren Anlageentscheidungen an Kauf- oder Verkaufempfehlungen von Bankanalysten klammern. Denn Analysten sind

- ... nicht unabhängig, sondern Angestellte eines Unternehmens (in der Regel eines Kreditinstituts), das im Normalfall geschäftliche Beziehungen zum Emittenten der jeweiligen Aktie unterhält. Der Arbeitgeber des Analysten gibt diesem Unternehmen Kredite, hat es womöglich an die Börse gebracht und betreut den Handel mit den Wertpapieren (Designated Sponsoring). Gegebenenfalls besteht auch eine Beteiligung am Unternehmen. Für die Erstellung der Analyse kann zudem eine Vergütung fällig geworden sein. Mittlerweile enthalten Studien im »Kleingedruckten« obligatorisch eine Auflistung all dieser möglichen Interessenskonflikte. Der einfachste Beleg, dass das Verhältnis zum Emittenten als Geschäftspartner seine Tücken hat, ist der üblicherweise sehr hohe Anteil von Kaufempfehlungen – und das ausnahmslos in allen Börsenphasen. Es ist im Übrigen auch schwer nachzuvollziehen, warum ein börsennotiertes Unternehmen einer Bank oder einem »unabhängigen« Analysehaus einen substanziellen Betrag im Jahr zahlt, um anschließend ausführlich aufgelistet zu bekommen, warum die eigene Aktie überteuert oder uninteressant ist.

- ... in erster Linie ihrem zahlenden Arbeitgeber und nur mittelbar dessen Kunden verpflichtet. Damit sind hier nicht die Emittenten gemeint, sondern Fonds, Pensionskassen und sonstige Kapitalsammelstellen, denen die Bank ihr Research zur Verfügung stellt. Wenn also ein Analyst eine überaus interessante Aktie gefunden hat und zum Kauf rät, geht diese Empfehlung erst an diejenigen, die das Einkommen des Experten sichern. Dass die breite Öffentlichkeit erst zeitversetzt (wenn die Kurse unter Umständen bereits gestiegen oder gefallen sind) von der Analyse erfährt, ist zwar vollkommen legitim, aber auch nicht jedem Investor bewusst.

- ... Spezialisten für bestimmte Branchen und Segmente. Sie sind keine Marktstrategen, die abschätzen, ob die Börsen insgesamt steigen oder fallen. Sie sind keineswegs individuelle Anlageberater, die Papiere empfehlen, die perfekt ins Portfolio eines bestimmten Investors passen. Gerade die Marktunabhängigkeit der Einschätzung ist der Stolperstein, über den auch viele Profis stolpern. Wenn ein Analyst sich positiv über eine Aktie äußert und sie als »Outperformer« sieht, das Papier anschließend 20 Prozent an Wert verliert, während der Gesamtmarkt oder auch nur die Branche um 30 Prozent einbricht, dann hat der Analyst seine Arbeit gut gemacht. Er hat dem Investor im Rahmen seines Verantwortungsbereichs einen guten Weg gezeigt. Dass der Anleger stattdessen besser generell einen Bogen um Aktien gemacht hätte ist richtig, aber eine »andere Baustelle«. Analysten sind nicht für das Abschätzen des Marktrisikos zuständig!

- ... an ihrem kompletten Werk zu messen. Es macht einen erheblichen Unterschied, ob Sie einen Kinofilm oder eine Opernaufführung selbst gesehen oder eine dreizeilige Kurzzusammenfassung in der Sonntagszeitung gelesen haben. Einen nicht geringeren Anspruch sollten Sie bei der Geldanlage walten lassen. Am informativsten sind Aktienstudien natürlich im Original und vollständig. Tatsächlich sind solche Broschüren nicht so einfach zu erhalten, das Internet ermöglicht aber zumindest einen erleichterten Zugang. So stellen viele börsennotierte Unternehmen das komplette Research, das über ihre Aktie verfasst wird, auf die Homepage.

Einerseits: Eine Analystenstudie ist in kompletter Form eine immens wichtige und nützliche Hilfe, um die Chancen und Risiken einer Aktie zu erkennen. Bei kritischer Lektüre erhalten Sie in der Regel eine gute Zusammenfassung über das operative Geschäft des analysierten Unternehmens, detaillierte Prognosen für die kommenden Jahre und transparente Vergleiche mit anderen Unternehmen.

Andererseits: Eine Studie kann und darf Ihnen nicht die Entscheidung zum Kauf oder Verkauf abnehmen. Leider Gottes nutzen viele Anleger aber Studien (oder sogar die kurzen Zusammenfassungen in der Zeitung) eben nur hierfür. Wie bereits erwähnt, müssten Kauf- oder Verkaufempfehlungen einer Bank in einem ausgewogenen Verhältnis zueinander stehen. In der Praxis überwiegen jedoch bei Weitem positive Voten. Deshalb sollten Sie Kauf- oder Verkaufempfehlungen einer Bank nicht unbedingt wörtlich nehmen.

Wie so oft ist auch hier die Änderung von Urteilen maßgeblich. Wenn ein Analysehaus eine Aktie von »Kaufen« auf »Halten« herabstuft, heißt das nicht, dass Sie die Aktie halten (oder sogar neu erwerben) sollen, sondern dies ist vielmehr eine indirekte Aufforderung zum Verkauf. Selbst wenn von »strong buy« auf »buy«, also von »starker Kauf« auf »Kauf« revidiert wird, ist das ein verschlüsseltes negatives Votum.

Die eingangs erwähnte Geschäftsbeziehung zwischen einem Analysehaus bzw. einer Bank und einem börsennotierten Unternehmen sorgt für die zuweilen kryptischen Formulierungen. Sie können dies sehr gut mit der Sprache in Arbeitszeugnissen vergleichen. Wenn dort zu lesen ist, »Herr Schulze war stets bemüht«, dann wird diesem ein glattes »Ungenügend« verpasst. Ähnlich verhält es sich bei vielen Analystenvoten. Wenn ein Haus fünfzig Aktien analysiert und fünfunddreißig davon mit »strong buy« beurteilt werden, weitere dreizehn mit »buy« und bei den verbliebenen zwei Titeln ein »hold« steht, spricht das zumindest indirekt eine deutliche Sprache. Was hier hilft: In vielen Studien steht mittlerweile eine Aufschlüsselung, wie die momentan ausgesprochenen Voten verteilt sind, also beispielsweise »45 Prozent kaufen, 35 Prozent halten und 20 Prozent verkaufen«. So können Sie das Votum gut in das Gesamtbild einordnen.

Dennoch sollten Sie Kauf- oder Verkaufempfehlungen eher als zweitrangig einordnen, auch wenn dies schwerfällt. Gleiches gilt für das Kursziel oder den »fairen Wert«, den Analysten angeben. Sicher ist dies praktisch und sehr griffig. In der Realität werden die Kursziele doch stets dem Kurs angepasst und nicht umgekehrt. Leider richten viele Anleger ihr Augenmerk auf diese zwei Dinge. Machen Sie es besser nicht.

Zusammenfassung: Empfehlungen für die Auswertung von Analystenstudien

- Banken- oder Analystenstudien fallen nicht einfach vom Himmel, sondern basieren oft auf einem Vertrag zwischen dem Verfasser der Studie und dem bewerteten Unternehmen. Diese Geschäftsbeziehung wird jedoch im »Kleingedruckten« (Disclaimer) offengelegt.

- Die Lektüre einer Studie oder die Aufnahme eines Analystenvotums ist ein zeitkritischer Vorgang. Gehen Sie davon aus, dass Sie eine Studie immer erst als letztes Glied in einer langen Kette zu Gesicht bekommen. Dies ist vollkommen berechtigt, denn es sind ja nicht Sie, der den Analysten bezahlt. Für Sie gilt jedoch, die Einschätzungen der Studie stets als im Kurs eingepreist zu betrachten.

- Die Lektüre einer kompletten Studie ist einer Kurzzusammenfassung deutlich vorzuziehen. Zusammenfassungen, die beispielsweise in Zeitungen zu finden sind, geben mitunter ein verzerrtes Bild. Leider ist es für Privatanleger nicht gerade leicht, derartige Studien zu erhalten. Manchmal werden sie auf der Homepage der jeweiligen Unternehmen hinterlegt.

- Insbesondere Tiefe und Umfang der in der Studie gebotenen Informationen machen diese für den Leser wertvoll. Sie bekommen ein sonst nicht in der Breite aufzufindendes Bild über das Geschäftsmodell der Firma und die Chancen und Risiken der betreffenden Aktien. Auch die Prognosen für die kommenden Jahre sind wertvoll.

- Auch wenn es schwerfällt: Ignorieren Sie das Votum und vor allem das Kursziel. Letzteres wird zumeist der Kursentwicklung angepasst.

- In der Summe sind Analystenstudien überaus sinnvolle, aber nicht ungefährliche Informationsquellen. Sie sollten durchaus gelesen, aber stets kritisch hinterfragt werden.

5.2.6 Börsenpublikationen

»In der Vielzahl der Berater liegt die Sicherheit.« (John F. Kennedy)

Neben dem klassischen Wertpapierberater einer Bank nehmen Anlegermagazine und Börsenbriefe eine umfassende Rolle bei der Entscheidungshilfe für Investoren ein. Es ist nicht abwegig, dass dieser Trend in Zukunft noch zunehmen wird. Schließlich sparen viele Investoren heutzutage den Aufpreis für Beratung ein und handeln ihre Wertpapiere über Discount-Broker, die sich ausschließlich auf den Handel selbst fokussieren und keine oder nur sehr wenig und zumeist standardisierte Beratung anbieten.

Grundsätzlich spricht aus Anlegersicht nichts gegen diese »Arbeitsteilung«, Entscheidungshilfe und Orderabwicklung voneinander zu trennen, zumal Anleger über moderne Distributionsmethoden, wie E-Mail, SMS etc., zeitnah und effizient mit Informationen versorgt werden. Allerdings sollten Investoren beim Umgang mit Finanzpublikationen einige Grundregeln beachten.

Die vielleicht wichtigste Regel liegt im Anspruch, was eine Börsenpublikation leisten kann: Sie kann Ihnen Anregungen vermitteln, Hintergründe und Zusammenhänge aufzeigen, Datenbanken aufbereiten, niemals aber Entscheidungen abnehmen. Das gilt vor allem für die bei Anlageentscheidungen unverzichtbare individuelle Ausrichtung eines Depots. Börsenpublikationen richten sich immer an eine Vielzahl von Lesern und stehen nicht oder nur sehr begrenzt im Dialog mit den Empfängern ihrer Anregungen. Verstehen Sie Finanzpublikationen deshalb immer nur als mögliche Gehilfen. Nicht weniger, aber auch nicht mehr.

Es ist sinnvoll, verschiedene Magazine zu lesen und abzugleichen. Dabei geht es noch nicht einmal primär darum, Aktien zu finden, deren Kursprognose von möglichst vielen Beobachtern positiv beurteilt wird. Interessant ist aber zweifelsohne, wenn mehrere Autoren aufgrund vollkommen unterschiedlicher Denkansätze zum identischen (positiven oder negativen) Ergebnis kommen. Kein Investor und auch kein Börsenbriefschreiber kann ein perfekter Generalist sein. Die einen konzentrieren sich auf die technische Analyse, andere arbeiten mit starren Kennzahlenanalysen, wiederum andere basieren ihre Arbeit auf Recherchen im Unternehmen oder auf die Auswertung von Insidergeschäften (Directors' Dealings). Mehrere – verschieden vorgehende – Ansätze helfen Ihnen, das Urteil zu verfeinern, wobei immer der Preis im Auge behalten werden sollte.

Stellen Sie – unabhängig von den beschriebenen Vorgehensweisen – gewisse universelle Ansprüche an eine Börsenpublikation. Transparenz und Nachvollziehbarkeit sind ein absolutes Muss. Zumeist scheidet sich die Spreu vom Weizen bei der Nachvollziehbarkeit von Musterdepots. Unabhängig von der Frage, wie sinnvoll Musterdepots sein können (weil sie nicht individuell sind), sollten Leser einen Anspruch auf nachvollziehbare Transaktionen haben. Das heißt für die Publikation, dass Änderungen in Depots vorab angekündigt werden und Leser mitziehen können. Eine nachträgliche Einbuchung zum Vortageskurs, wie sie häufig vorkommt, hübscht zwar oft die Performance auf, dies geschieht aber zu lasten des zahlenden Lesers. Börsenpublikationen gehen hier verschieden vor, weshalb Performance-Ranglisten von Musterdepots, wie sie im Internet teilweise zu finden sind, im Gegensatz zu Performance-Rankings bei Fonds methodischer Unfug sind.

Neben der Nachvollziehbarkeit sollten Sie bei der Auswahl von Börsenpublikationen immer die Transparenz und den Nutzwert hinterfragen. Alte Empfehlungen sollten möglichst lückenlos weiter verfolgt werden. Nutzwert ist oft in Form von (zum Teil sehr gut aufgearbeiteten) Datenbanken gegeben. Manchmal sind diese Datenbanken wertvoller für den Anleger als die Texte in den Publikationen.

Da Börsenpublikationen nicht so streng reglementiert werden wie Finanzdienstleister, ist hier leider das Einfallstor für Scharlatane geöffnet. Immer wieder stehen einzelne Autoren von Börseninformationsdiensten am Pranger, weil sie de facto wertlose Aktien unkritisch hochgejubelt haben. Vorsicht ist hier die Mutter der Porzellankiste. Bevor Sie ein Abonnement abschließen, sollten Sie immer versuchen, einige Probeausgaben zu lesen. Auch schadet es nicht, die Namen der Autoren zu »googeln«. Einschlägig Verdächtige werden im Internet oftmals so heftig kritisiert, dass es niemand übersehen kann.

Zusammenfassung: Empfehlungen für die Arbeit mit Börsenpublikationen

- Viele Berater sind besser als einer. Abgesehen von der Preisfrage (die individuell abgewogen werden muss), spricht nichts dagegen, mehrere Publikationen zu beziehen.

- Ein Börsenbrief oder -magazin erreicht mindestens eine dreistellige, mitunter eine sechsstellige Zahl von Lesern. Eine individuelle und auf das Depot zugeschnittene Beratung kann grundsätzlich nicht geboten werden. Deshalb sollen hier nur Denkanstöße entnommen werden.

- In jedem Fall hilfreich sind die Statistik- und Tabellenteile, die in den Magazinen und im geschützten Abonnenten-Bereich oftmals auf den jeweiligen Homepages angeboten werden.

- Wichtig für den Leser sind eine transparente und nachvollziehbare Form der Empfehlung und eine mögliche Nachvollziehbarkeit bei Musterdepots. Unabhängig von der Performance sollten alle angesprochenen Titel weiter verfolgt werden.

- Qualifikation und Seriosität der Autoren können im Querschnitt angenommen werden, aber auch in diesem Sektor gibt es schwarze Schafe. Deshalb sollten Sie im Zweifelsfall im Internet über die Autoren recherchieren, ehe Sie ein teures Abonnement abschließen.

5.2.7 Austausch mit anderen Anlegern

Moderne Kommunikationssysteme, allen voran das Internet, ermöglichen heute einen vielfältigen Informationsaustausch, den es früher nicht einmal in Ansätzen gegeben hat. Verbraucher tauschen sich in Chatforen untereinander über ihre Erfahrungen mit Konsumartikeln aus. Politisch interessierte Menschen diskutieren in den Boards über die jüngsten Aussagen der Mächtigen in Berlin. Sonst eher introvertierte Menschen schütten jedem, der es lesen will, in Blogs ihr Seelenleben aus.

Was liegt also näher, auch beim Zusammensuchen von interessanten Anlegerinformationen den Austausch mit anderen Internetnutzern zu suchen? Weil eine Mehrzahl unterschiedlicher Berater tendenziell von Vorteil ist, gibt es keinen Grund, auf die Informations- und Meinungsvielfalt im Internet zu verzichten. Wichtig ist hier jedoch ein überaus kritischer Umgang mit dem Gelesenen.

Die Anonymität des Internets eröffnet allerdings auch Menschen mit unredlichen Absichten gute Möglichkeiten, andere zu manipulieren und auszunutzen. Zwar ist der Anlegerschutz mittlerweile deutlich verbessert worden, doch lauern hier immer noch zahlreiche Fallstricke.

Bedenken Sie stets, dass Sie nicht wissen, wer in den diversen Foren Kommentare verfasst. Genauso, wie viele Mensche dazu neigen, sich in Partnerbörsen attraktiver zu beschreiben, als sie es sind, übertreiben viele »Autoren« in Finanzforen gerne mit ihrer Qualifikation und beruflichen Verantwortung.

Wer sich als Investmentbanker oder Portfoliomanager mit der Verantwortung für hohe Millionen-Beträge darstellt, sollte vielleicht erklären, warum er seine hoch bezahlte Arbeitszeit für unzählige Kommentare in Chatforen nutzen kann. Auch werden in diesen Foren gerne Insiderkenntnisse und eine besondere Nähe zum betroffenen Unternehmen kolportiert. Ich wäre hier vorsichtig.

Noch wichtiger als die berufliche Qualifikation – es gibt natürlich auch hier Ausnahmen in Form finanzwirtschaftlicher Naturtalente – ist die Motivation eines Forenteilnehmers, sich über eine bestimmte Aktie zu äußern. Natürlich kann es sein, dass ein Anleger wirklich die Zeit und Lust hat, kritisch und objektiv diverse Aktien zu kommentieren, auch wenn er überhaupt nichts mit ihnen zu tun hat. Ausgehen sollten Sie aber davon, dass Investoren sich immer dann besonders positiv über das Geschehen in einem Unternehmen auslassen, wenn sie hier selbst Aktionär sind. Dies ist nicht unredlich, wird heutzutage oft auch freiwillig vermerkt. Es mahnt Sie jedoch zu einer gewissen Vorsicht. Anleger neigen dazu, bereits getroffene Entscheidungen im Nachhinein auch öffentlich zu untermauern, indem sie alles nur Positive aufsaugen und weiterverbreiten. Alles, was Sie in den Kapiteln 5.2.1 und 5.2.2 über das kritische Auswerten von Pressemitteilungen und Ad-hoc-Mitteilungen gelesen haben, gilt auch hier.

Vor allem bei fragwürdigen und marktengen Aktien ist massive Vorsicht geboten; dies gilt besonders für die Titel von Unternehmen aus dem Bereich der Rohstoff-Exploration. Bei diesen Werten, die regelmäßig weit vorne in den Ranglisten der Diskussionshäufigkeit liegen, kommt es immer wieder vor, dass in Chatforen massive Einflussnahme von Vertretern aus Unternehmen oder von beauftragten Spezialagenturen ausgeübt wird. Auch deshalb gilt: Vertrauen ist gut, Kontrolle ist besser.

Überprüfen Sie alles, was Sie in Diskussionsforen gelesen haben, sofern dies möglich ist. Ein ganz einfaches Beispiel für eine (legale) Manipulation: Ein Unternehmen veröffentlicht zeitgleich eine positive und eine negative Nachricht, was durchaus häufiger vorkommt. In einem Diskussionsforum kann es nun der Fall sein, dass ausschließlich die positive Meldung verbreitet wird, gegebenenfalls noch mit einigen reißerischen Kommentaren verbunden.

Der Austausch mit Anlegern beschränkt sich jedoch nicht nur auf das Internet. Anlegermessen, Investorentage oder auch Hauptversammlungen bieten gute Möglichkeiten für einen konstruktiven und hintergründigen Austausch. Wer die Zeit findet, sollte an solchen Veranstaltungen teilnehmen. Auch Aktienclubs und Börsenstammtische halte ich für sinnvolle Einrichtungen. Weil hier keine Anonymität vorliegt und man sich regelmäßig trifft, ist ein ehrlicher Austausch sinnvoll. Dabei ist allerdings zu beachten: Für Fehlgriffe bei Aktien tragen allein Sie die Verantwortung, auch wenn die Empfehlung von netten Kollegen vom Börsenstammtisch kam.

Zusammenfassung: Empfehlungen für den Austausch mit anderen Anlegern

- Das Internet bietet hervorragende Möglichkeiten zum Erfahrungsaustausch, dies kann auch bei Informationen über Aktien sinnvoll sein.
- Ein kritisches Hinterfragen der gesammelten Informationen ist hier strengstens geboten. Die Anonymität des Internets bietet leider auch Menschen mit unredlichen Absichten ein Podium.
- Überprüfen Sie alle Informationen. Heiße Insider-Infos ohne nachvollziehbare Quellenangabe sind eine echte Gefahr.
- Auch ohne böse Absicht sind die meisten Einschätzungen anderer Anleger sehr subjektiv.
- Öffentliche Treffpunkte, in denen es keine Anonymität gibt, beispielsweise Aktienclubs und Börsenstammtische, sind eine sinnvolle Ergänzung des »Informationsportfolios«.

5.2.8 Kontakt mit dem Unternehmen

Für Fondsmanager, Finanzjournalisten oder Analysten zählt der gedankliche Austausch mit dem Unternehmen (bzw. seiner Vertreter) zu den wichtigsten und ergiebigsten Informationsquellen. Insbesondere der Dialog mit dem Vorstand bietet eine hervorragende Plattform, um das Wissen über die Unternehmensstrategie zu vertiefen und einen authentischen Eindruck der Personen zu gewinnen, die das Unternehmen im Sinne der Aktionäre führen sollen.

Derartige »Grillpartys« haben mehrere Vorzüge: Komplexere Sachverhalte können oft nur im Dialog erörtert werden. Zudem besteht die Möglichkeit, den Vorstand mit einem Stakkato kritischer Fragen regelrecht unter Druck zu setzen (zu »grillen«). Neben der reinen Information wird so die Souveränität des Gegenübers in schwierigen Situationen abgeklopft. Werden auffallend viele Fragen ausweichend oder gar nicht beantwortet, wirft dies auch ein trübes Licht auf die Souveränität des Vorstands im rauen Geschäftsalltag.

Wird wiederum jede Nachfrage nach möglichen Eventualitäten mit gut durchdachten Lösungsansätzen beantwortet, hat der Vorstand untermauert, dass er sich nicht nur der möglichen Probleme bewusst ist, die sein Geschäft mit sich bringt, sondern sich auch hinsichtlich der Lösungen seine Gedanken gemacht hat. Während Firmenlenker in selbst verfassten Publikationen stets die Möglichkeit haben, Entwicklungen sehr subjektiv zu berichten, geben beim Gespräch andere das Tempo vor. In meiner persönlichen Arbeit zählen derartige Gespräche zu den wichtigsten Instrumenten, um mir ein Urteil über eine Aktie zu bilden.

Leider haben Privatinvestoren keinen ähnlich guten Zugang zu Firmenlenkern, wie dies etwa bei Großanlegern oder Medienvertretern der Fall ist. Trotzdem gibt es auch für den normalen Anleger Mittel und Wege, sich mit einem Unternehmen auszutauschen.

Auch wenn sich der Vorstand nicht selbst für ein Gespräch mit konventionellen Investoren Zeit nehmen kann, so besteht dennoch die Möglichkeit, dass Sie nicht nur allgemein zugängliche Informationen zu einem Unternehmen »aufsaugen« können, sondern durchaus zu einem Unternehmen auch direkt in Kontakt treten können. Praktisch jedes börsennotierte Unternehmen hat einen Ansprechpartner für Investor Relations. Diese Abteilungen sind zwar vorrangig für den Dialog mit institutionellen Investoren eingerichtet worden, sie stehen aber auch dem einfachen Anleger für Fragen zur Verfügung. Während größere Konzerne mit einer fünf- oder gar sechsstelligen Zahl von Aktionären in diesen Abteilungen sogar eine zweistellige Zahl von Mitarbeitern beschäftigen, haben kleine Firmen diese Arbeit oftmals an externe Agenturen ausgelagert. So oder so, auf jeder Homepage eines börsennotierten Unternehmen finden Sie die Telefonnummer und E-Mail-Adresse eines Ansprechpartners für Investor Relations. Sollte dies nicht der Fall sein, sollten Sie das Investment in Frage stellen.

Nutzen Sie diese Form des Kontakts. So haben Sie nicht nur die Möglichkeit, zusätzliche Informationen zu erhalten, vielmehr gewinnen Sie auch einen ersten Eindruck, wie wichtig die Firma ihre Anteilseigner nimmt. Darüber hinaus ist eine professionelle Investor-Relations-Abteilung eine gute Basis, um auch künftig neue Aktionäre zu gewinnen. Für Bestandsaktionäre ist das eine gute Nachricht.

Vergessen Sie aber nie, mit wem Sie sich austauschen. Ihr Gegenüber ist ein gut bezahlter und qualifizierter Angestellter eines börsennotierten Unternehmens. Er wird nicht dafür bezahlt, Anleger objektiv über die Chancen und Risiken einer Aktie zu informieren, sondern er betreibt in gewisser Art und Weise Marketing für eine spezielle Aktie. Bezeichnenderweise haben kleinere Unternehmen oftmals einen gemeinsamen Ansprechpartner für Investor und Public Relations im Haus.

Hinterfragen Sie deshalb alle Aussagen kritisch und gehen Sie genauso nüchtern ins Gespräch, wie dies beim Dialog mit einem Autoverkäufer der Fall wäre. Ihr Gegenüber wird Sie im Normalfall nicht belügen, aber stets das Glas als halbvoll verkaufen. Auch sind ausweichende Antworten keine Seltenheit. Wenn etwa plötzlicher und starker Verkaufsdruck auf eine Aktie entsteht, dann erklären IR-Manager gerne, dass irgendein dubioser angelsächsischer Fonds momentan Mittelrückflüsse habe und alle seine Positionen auf breiter Front verkaufen müsse.

Zusammenfassung: Empfehlungen für den Kontakt mit dem Unternehmen

- Der direkte Kontakt mit einem Unternehmen, vor allem mit dem Firmenlenker, ist eine sinnvolle Methode, eine Aktie besser kennen zu lernen.
- Privatanleger haben wegen ihrer geringen Marktmacht selten direkten Zugang zum Vorstand, nur in sehr kleinen Firmen nimmt sich ein Vorstand Fragen von Anlegern an. Doch bieten spezielle Investor-Relations-Abteilungen eine Kommunikationsalternative.
- Für zusätzliche Informationen oder kompakte Erklärungen, was in dem betroffenen Unternehmen konkret geschieht, eignen sich diese Abteilungen hervorragend.
- Eine kritische und neutrale Sicht über die Entwicklungen im Unternehmen bieten dessen Angestellten naturgemäß nicht. Letztlich wollen diese Ihnen die Aktien des Unternehmens schmackhaft machen.
- Der Austausch mit dem Unternehmen zählt zu den Optionen, die Sie zweifelsohne erwägen sollten. Sie sollten diesen Austausch primär nutzen, um Ihr Wissen über das Unternehmen zu vertiefen, nicht aber, um sich die Entscheidung zum Kauf oder Verkauf der entsprechenden Aktien zu vereinfachen.

5.2.9 Sinnvolles Arbeiten mit den verschiedenen Informationsquellen

Wie bereits dargestellt, gilt heutzutage bei der Verarbeitung der für Ihr Depot relevanten Materialien klar die Maxime der Informationsselektion. Die Informationsbeschaffung, die lange Zeit die wohl größte Herausforderung für Investoren war, ist im Zeitalter des Internet keine unüberwindbare Hürde mehr.

Abbildung 18: Wichtige Informationsquellen im Überblick

Infoquelle	Vorteile	Nachteile	Hinweise	Fazit
Pressemitteilung	schnelle und einfache Lektüre	enthält (zu) oft für Aktionäre wenig relevante Info	zumeist ohne kursrelevanten Inhalt	keine Kerninfo, fällt in den Bereich der »Kür«
Ad hoc	potenzielle Kursrelevanz ist bereits vorgegeben, kompakte Form erleichtert Lektüre	schnelle Umsetzung nicht so lukrativ wie es scheint – Ad hocs können durch knappe Form in die Irre führen	besser in gebotener Ruhe lesen, keine voreiligen Schlüsse ziehen	Lektüre ist Pflicht – schnelle Käufe oder Verkäufe nach Ad hocs sollten die Ausnahme bleiben
Hauptversammlung	liefert die Nähe vieler »Gleichgesinnter«, Verhalten der Unternehmensführung ist aufschlussreich	wichtige (neue) Informationen sollten hier eigentlich nicht verfügbar sein	hier geht es weniger um den Inhalt, sondern mehr um den Umgang mit dem Aktionär	keine Pflicht – sicher ist es aber sinnvoll, regelmäßig Hauptversammlungen zu besuchen, gerade bei kleineren Unternehmen
Geschäftsberichte	Geschäftsberichte bieten die umfassendsten Informationen, die für Anleger erhältlich sind – dies gilt auch für Verkaufsprospekte und (mit Abstrichen) für Zwischenberichte	der Umfang der Information ist eine Herausforderung, zumal Sie sich nicht nur mit einer Aktie beschäftigen – über die Bewertung einer Aktie erfahren Sie nichts	effizientes kritisches Lesen der harten Fakten liefert alle Informationen zum Unternehmen	die Berichte sind für Anteilseigner ein absolutes Muss – die wohl ergiebigste Quelle von Informationen über ein Unternehmen
Analystenstudien	gute und umfangreiche Dokumentation der Chancen und Risiken einer Aktie – Geschäftsmodell und Bewertung der Aktie werden klar offen gelegt	Zusammenfassungen taugen nahezu nichts – im Original sind Analystenstudien nicht immer frei verfügbar, keine Unabhängigkeit des Verfassers	Votum und Kursziel/fairer Wert sind keinesfalls wörtlich zu nehmen, können irreführend sein.	als Info-Quelle überaus wertvoll, nicht jedoch als Anlagehilfe – nutzen Sie die Inhalte, nicht aber die Einschätzung

Abbildung 18: Wichtige Informationsquellen im Überblick

Infoquelle	Vorteile	Nachteile	Hinweise	Fazit
Börsen-publikationen	Einschätzung und Analyse eines Dritten werden zur Verfügung gestellt, verschiedene Vorgehensweisen (fundamental, technisch etc.) sorgen für ein »buntes Bild«	brauchbare Info sind in der Regel kostenpflichtig, qualitativ größere Unterschiede – auch hier sind Verfasser nicht immer unabhängig	mehr ist klar besser – vertrauen Sie nicht nur einem Autor, sondern stellen Sie immer mehrere Einschätzungen gegeneinander	eine gute Abrundung der eigenen Arbeit – nicht nur als »Hilfestellung«, sondern auch als Lieferant von Daten und Informationen nützlich – der Bezug muss sich aber rechnen, deshalb Kosten im Auge behalten
Kontakt mit dem Unternehmen	Chance für Dialog – beste Möglichkeit, um individuellen Informations-bedarf zu befriedigen	Unternehmen können hier nur Bestehendes erklären, nichts Neues vermitteln – Ihr Gegenüber ist ein geschulter »Verkäufer«	die Kompetenz und Subjektivität des Gegenübers machen den Dialog zu einer Herausforderung, dies sollte Sie aber nicht abschrecken	sinnvolle Vorgehensweise, um bestehendes Wissen über Unternehmen zu vertiefen und Detailinformationen einzuholen
Chatforen etc.	der Austausch mit anderen Investoren zeigt Ihnen sicher neue Sichtweisen – liefert zudem einen Ausriss dessen, wie der Markt tickt	einerseits sind hier gute Info erhältlich, andererseits auch massive Fehlinformationen möglich	auch hier sollten Sie keine objektive Information erwarten – Anleger schwärmen gerne von eigenen Aktien, verfluchen oft die, die sie bereits verkauft haben.	es spricht eigentlich nichts gegen den Austausch mit anderen Anlegern – man sollte nur keine Wunder erwarten

Wichtig ist es, mit den begrenzten Ressourcen Zeit und Geld effizient umzugehen. Pressemitteilungen über einen Vertragsabschluss im Wert von 2 Millionen Euro sind bei einem Konzern, der viele 100 Millionen Euro umsetzt, praktisch irrelevant. Ein Jahresabschluss sollte hingegen immer studiert werden. Um Ihnen abermals zu verdeutlichen, welchem Informationskanal ich welche Bedeutung beimesse, sind in Abbildung 18 die verschiedenen Arten und Wege von Informationen und Informationsbeschaffung zusammengefasst.

5.3 Bilanzanalyse

Gestatten Sie mir zur Einleitung der folgenden Betrachtungen, dass die Themen aus Platzgründen nur angerissen werden können. Die akribische und detaillierte Analyse von Bilanzen oder von Gewinn- und Verlustrechnungen füllt ganze betriebswirtschaftliche Lehrbücher und kann und soll hier nicht erschöpfend ausgeführt werden. Dennoch kann die Analyse von Geschäftsdaten als eine der wesentlichen Betätigungsfelder in meiner täglichen Arbeit kaum ausgeblendet werden, zumal der Kauf einer Aktie ohne Sichtung der Geschäftsdaten einer Autobahnfahrt mit verbundenen Augen gleicht.

Geht es bei der Kennzahlenanalyse (siehe Kapitel 4) im Wesentlichen darum, aus vorliegenden Unternehmens- und Kursdaten Schlussfolgerungen über die Bewertung und somit über die Chancen und Risiken einzelner Aktien zu ziehen, steht bei kritischer Sichtung einer Bilanz vor allem die Identifizierung möglicher Risiken im Vordergrund. Was Sie nicht im Depot gebrauchen können, sind Anteilscheine von Firmen, die in Schwierigkeiten stecken oder bald in solche geraten könnten.

Aber auch positive Überraschungen in Form von stillen Reserven oder versteckten Gewinnen lassen sich mithilfe der Bilanzanalyse aufdecken. Sollten Sie beispielsweise feststellen, dass ein Unternehmen eigentlich einige Millionen Euro mehr als ausgewiesen verdient hat, dann ist natürlich das »echte« KGV niedriger, dementsprechend die Aktie geringer bewertet als angenommen.

Als Leitfaden bei der Beurteilung von Bilanz, GuV und Cashflow-Rechnung gilt es, einen Trend abzulesen. Deshalb ist der Vergleich mit der Vorjahresperiode so wichtig. Natürlich ist es schön, wenn etwa ein Chemiekonzern auf Renditen von 10 Prozent kommt, während seine Konkurrenten nur 6 bis 8 Prozent schaffen. Diese Überlegenheit könnte jedoch in den Kursen eingepreist sein. Sollten die genannten 10 Prozent aber eine Verschlechterung gegenüber dem

Vorjahr darstellen, dann ist Vorsicht geboten. Die Gefahr, dass die Margen sich denen der Konkurrenz nähern, könnte unter Umständen mit einem substanziellen Aktienkursrutsch verbunden sein.

An dieser Stelle geht es nur um die Grundlagen, aber nicht um spezifische Details oder Sonderfälle. Für die Geschäftsdaten von Banken, Versicherungen, Beteiligungsgesellschaften sowie Biotech-Firmen und Start-ups können Sie die Ausführungen begrenzt bis gar nicht anwenden.

Es bietet sich bei allen Punkten an, dass Sie bei der Lektüre von Geschäftszahlen die Zahlenkolonnen schlicht der Reihe nach durchgehen und sich Auffälliges markieren. Nach der erstmaligen Lektüre gehen Sie abermals die neuralgischen Punkte durch. Dann sollten Sie grundsätzlich einen guten Einblick erhalten haben. Mit jeder Bilanz, die Sie studieren, gelingt Ihnen die Lektüre schneller.

5.3.1 Das beachten Sie, wenn Sie eine Bilanz lesen

Eine Bilanz ist in zwei Hälften unterteilt: die Aktiv- und die Passivseite. Mit anderen Worten, in die Aufstellungen, wie das Gesellschaftsvermögen investiert ist und woher die Firma ihr Kapital erhalten hat.

Jede Bilanz ist innerhalb dieser beiden Seiten weiter unterteilt: auf der Aktivseite in langfristige und kurzfristige Vermögenswerte, auf der Passivseite in Eigen- und Fremdkapital.

5.3.1.1 Langfristige Vermögenswerte

Hier können einige beträchtliche Reserven und Lasten lauern. Eine massive Zunahme oder Abnahme geht im Wesentlichen mit im Vorjahr durchgeführten Investitionen einher. Sollte dies nicht der Fall sein und der Zuwachs beispielsweise aufgrund von Zuschreibungen erfolgen (was vor allem bei Immobiliengesellschaften häufig vorkommt), dann ist Vorsicht geboten.

Ein bei allen Firmen, die jemals andere Unternehmen übernommen haben, beträchtlicher Punkt ist der Goodwill oder Firmenwert. Früher wurde der Goodwill über einen längeren Zeitraum (zumeist zwanzig Jahre) abgeschrieben. Heute gilt eher »Hopp oder Top«. Jedes Jahr untersucht der Wirtschaftsprüfer, ob der Goodwill noch angemessen ist. Sollte dies nicht der Fall sein, gibt es eine kräftige Sonderabschreibung, die das Ergebnis nachhaltig beeinflusst. Deshalb gilt aus Vorsichtsgründen: Je mehr Goodwill in der Bilanz steht, desto größer die potenzielle Gefahr. Besonders wenn das Unternehmen in Boom-Phasen mit hohen Preisen zahlreiche andere Firmen übernommen hat, besteht ein Risiko. Vorsicht ist geboten, wenn der Goodwill fast dem gesamten Eigenkapital entspricht oder dieses sogar übersteigt.

Ähnliches gilt bei den sonstigen immateriellen Werten. Hier finden beispielsweise (zugekaufte) Patente oder eigenentwickelte Softwareleistungen ihren Niederschlag. Im Gegensatz zum Goodwill werden diese kontinuierlich abgeschrieben, Software etwa in einem Korridor von drei bis fünf Jahren. Je kürzer das gewählte Intervall, umso konservativer die Bilanzierung. Noch vorsichtiger seitens des Unternehmens ist es, wenn diese Leistung erst gar nicht aktiviert ist.

Gleiches gilt für aktive latente Steuern. Mit diesem Posten wird der geldwerte Vorteil von Verlustvorträgen vorweggenommen. Verlustvorträge können eine feine Sache sein, sollten aber außerhalb der Bilanz stehen. Sind sie einmal in der Bilanz, müssen die nötigen Gewinne bald erzielt werden. Ansonsten drohen Abschreibungen.

Welche Sachanlagen, Grundstücke, Maschinen usw. in der Bilanz stehen, hängt massiv vom Geschäftszweck ab und kann auf Basis des reinen Zahlenwerks kaum interpretiert werden. Hier ist in jedem Fall im Anhang zu prüfen, ob etwa die Grundstücke zu dem – gegebenenfalls den Verkehrswert deutlich unterschreitenden – Anschaffungspreis aufgeführt sind. Hier lauern die mutmaßlich höchsten stillen Reserven innerhalb einer Bilanz.

Ähnliches gilt für Beteiligungen an anderen Unternehmen. Auch hier stehen mitunter sehr vorsichtige Wertansätze in der Bilanz. Besonders dann, wenn es sich um langfristige Beteiligungen an börsennotierten Unternehmen handelt (und man den aktuellen Preis gut vor Augen hat), erkennen Sie recht schnell stille Reserven, die erheblich sein können. Solche Positionen weisen übrigens oft (etwa bei Beteiligungen an amerikanischen Firmen) ein Währungsrisiko auf.

5.3.1.2 Kurzfristige Vermögenswerte

Als Erstes sollten Sie einen Blick auf den Anteil bzw. den Gesamtwert der kurzfristigen Vermögenswerte werfen. Gemäß der »goldenen Bilanzregel« sollte nämlich die Summe der kurzfristigen Vermögenswerte die Summe der kurzfristigen Schulden nicht übersteigen.

Innerhalb der kurzfristigen Aktiva kommt den flüssigen Mitteln eine besondere Beachtung zu (siehe Kapitel 4.2.3). Abgesehen von Rentabilitätsaspekten spricht nichts gegen eine möglichst hohe Ausstattung mit Cash. Beachten Sie am besten gleich hier den Nettocash, saldieren Sie also die ausgewiesenen Mittel mit den kurzfristigen Finanzverbindlichkeiten.

Fast ebenso gut verwertbar wie Cash sind Finanzanlagen wie Anleihen oder Aktien. Auch hier sollten im Anhang zusätzliche Informationen eingeholt werden, um die Qualität und Fungibilität der Papiere zu überprüfen. Zudem sind auch hier positive Wertänderungen hinsichtlich ihrer Nachhaltigkeit kritisch zu hinterfragen. Nicht strategisch bedingte Aktienbestände haben nach meiner Einschätzung nichts in Firmenbilanzen zu suchen. Während der Zeit des Neuen Markts gab es einige Unternehmen, die in ihre Bilanz Anteile an Neuer-Markt-Fonds gepackt und mit dem Wertzuwachs das Ergebnis aufgebessert hatten. Das Ende ist bekannt.

Vorräte und Forderungen sind das Rückgrat des Umlaufvermögens. Sie sind der vielleicht beste Seismograph für Firmen, die in einen Abschwung geraten. Wann immer ein Unternehmen Probleme hat, Lieferungen bezahlt zu bekommen oder die Produkte abzusetzen, blähen sich Forderungen bzw. Vorräte auf. Ein Anstieg dieser Positionen ist bei einem wachsenden Geschäft normal. Sie sollten aber immer dann besonders kritisch hinschauen, wenn diese Zuwächse prozentual deutlich stärker ausfallen als die Umsatzdynamik. Grundsätzlich gilt: Unbedingt genau hinsehen, den Anhang wälzen und gegebenenfalls beim Unternehmen nachfragen.

Insgesamt sind kurzfristige Vermögenswerte allesamt vorteilhaft, weil sie kurzfristig liquidiert werden können. Entsprechend groß sollte ihr Anteil sein. Gemäß der »goldenen Bilanzregel« sollten die kurzfristigen Vermögenswerte die kurzfristigen Verbindlichkeiten mindestens abdecken.

5.3.1.3 Eigenkapital

Die Zusammensetzung des Eigenkapitals ist ein vergleichsweise »ruhiger« Posten. Wichtig ist die Relation von Eigenkapital zu Fremdkapital bzw. zur Bilanz (siehe Kapitel 4.2.1). Je geringer das Eigenkapital ist, desto höher das Risiko.

Sollten hohe Verluste in der Bilanz das Eigenkapital derart angegriffen haben, dass bei weiteren negativen Einkünften mehr als die Hälfte des Grundkapitals (in der AG-Bilanz) aufgebraucht ist, muss sogar eine außerordentliche Hauptversammlung einberufen werden. Das sind echte Sanierungsfälle, von denen sich die meisten Anleger fernhalten sollten.

Wenn im Umkehrschluss das Eigenkapital zu einem gehörigen Anteil aus Gewinnrücklagen besteht, dann haben Sie einen guten Hinweis, dass das Unternehmen über ein Geschäftsmodell verfügt, mit dem sich zumindest in der Vergangenheit gutes Geld verdienen ließ.

5.3.1.4 Fremdkapital

Gemäß internationalen Richtlinien zählt praktisch alles, was kein Eigenkapital ist, als Fremdkapital, also auch Mischformen wie zum Beispiel Genussscheine. Auch wenn manche Unternehmen dies gerne anders kommunizieren, sollten Sie so denken und vorgehen. Betrachten Sie alle Genussrechte, Kredite oder auch Wandelanleihen zunächst als Schulden, deren Verzinsung gestemmt werden muss und die später fällig werden. Deshalb erhöht jeder Euro Fremdkapital zunächst das Risiko.

Wie bereits bei der »goldenen Bilanzregel« erwähnt, darf der Anteil der kurzfristigen Verschuldung nicht zu hoch sein. Sie kennen es womöglich aus dem privaten Bereich, wenn Sie Ihren Dispositionskredit mit langfristigen Verbindlichkeiten etwa aus einer Hausfinanzierung vergleichen. Kurzfristige Kredite sind zwar flexibler, aber auch teurer und gefährlicher. Operativ gibt es keine Gründe, über einen längeren Zeitraum massiv kurzfristige Verbindlichkeiten einzugehen.

Zumeist im Anhang, manchmal aber auch in der Bilanz selbst, ist eine Aufschlüsselung der Restlaufzeit der Finanzverbindlichkeiten zu finden. Sollte ein substanzieller Anteil kurzfristiger oder mittelfristiger Art (mit kurzer Restlaufzeit) vorliegen, dann sollten im Bericht Erläuterungen zur Prolongation stehen, zumindest bei Firmen, die finanziell nicht auf Rosen gebettet sind.

Rückstellungen, die auch den Verbindlichkeiten zuzuordnen sind, sind oft weniger »gefährlich«, da ihre Auszahlung oftmals in ferner Zukunft anfällt (beispielsweise Pensionsrückstellungen). Auch können sie womöglich bewusst hoch angesetzt worden sein (etwa bei schwebenden Prozessen) und somit sogar eine stille Reserve bedeuten.

Verbindlichkeiten aus Lieferungen und Leistungen sind die korrespondierende Position zu den konventionellen Forderungen auf der Aktivseite. Eine Zunahme dieser Verbindlichkeiten ist positiv für den Cashflow und drückt genau genommen eine gute Verhandlungsmacht aus.

5.3.2 Das beachten Sie, wenn Sie eine GuV lesen

Auch bei der Gewinn- und Verlustrechnung (GuV) gilt es, sowohl die in der vorgelegten Periode erbrachten Leistungen zu würdigen als auch den Trend gegenüber den vorherigen Perioden. Auffälliges sollte bei der Lektüre markiert und abermals gelesen werden. Gute Unternehmensberichte zeichnen sich dadurch aus, dass auffällige Änderungen im Anhang erklärt werden. Genau wie bei der Bilanz liefert auch hier oft erst der Anhang eine klare Antwort.

5.3.2.1 Umsatzerlöse

Selbst diese sehr einfache Zahl hat ihre Tücken. Das Zauberwort heißt »Percentage of Completion«, kurz PoC. PoC-Umsätze sind nur teilerbrachte Leistungen bei großen Projekten. Eine Verbuchung dieser als Umsätze ist legitim, aber auch nicht frei von Risiken. Ein hoher PoC-Anteil ist (wenn überhaupt) nur im Anhang ausgewiesen und der Tendenz nach negativ zu sehen.

5.3.2.2 Änderungen des Bestands an fertigen und unfertigen Erzeugnissen

Analog zur Betrachtung der Vorräte in der Bilanz sollten Sie hier äußerst skeptisch sein, wenn größere Bestandsveränderungen das Ergebnis positiv beeinflussen. Diese »Produktion auf Halde« kann mitunter beträchtliche Ausmaße annehmen, nicht unbedingt in Relation zum Umsatz, wohl aber im Verhältnis zum Gewinn.

5.3.2.3 Rohgewinn/Bruttogewinn

Interessant ist weniger die absolute Höhe des Rohgewinns als vielmehr die Relation zum Umsatz (Bruttomarge). Eine Verschlechterung kann hier unter Umständen auf (dauerhafte) Preissteigerungen bei wichtigen Materialien hinweisen und für die kommenden Jahre negative Entwicklungen andeuten. Auf jeden Fall sollte auch hier im Anhang nachgeschlagen werden.

5.3.2.4 Aktivierte Eigenleistungen

Siehe hierzu die Ausführungen zu den immateriellen Gegenständen in der Bilanz. Aktivierte Eigenleistungen sind dem Grundsatz nach kritisch zu bewerten.

5.3.2.5 Vertriebs- und Verwaltungskosten

Diese sind interessant, weil Sie hier gut ablesen können, ob es einen Trend zum »Wasserkopf« gibt. Besonders junge und stark wachsende Unternehmen, die einen guten Übergang zum Konzern hinbekommen wollen, geraten hier manchmal ins Taumeln. Überproportionale Zuwächse der Verwaltungskosten sind kritisch zu sehen. Erhöhte Vertriebskosten (in Relation zum Umsatz) werfen die Frage auf, ob die Produkte mittlerweile schwieriger auf dem Markt abzusetzen sind.

5.3.2.6 Forschungs- und Entwicklungskosten

Das ist ausnahmsweise ein Posten, bei dem eine (auch relative) Zunahme zumindest im Grundsatz positiv zu werten ist. So wichtig Investitionen in Forschung und Entwicklung auch sind: Unternehmen führen diese eigentlich nur durch, wenn sie genug verdienen.

5.3.2.7 Sonstige betriebliche Erträge und Aufwendungen

Alles was hier zu finden ist, sollte genau betrachtet werden. Bei den sonstigen betrieblichen Erträgen sind viele harmlose Posten (etwa Erträge aus Kantinenbetrieb), hier finden sich aber auch echte einmalige Ergebnistreiber (zum Beispiel Veräußerungsgewinne bei Beteiligungen oder der Auflösung von Rückstellungen). Je offensichtlicher die Einmaligkeit ist, umso kritischer sollten Sie das Zahlenwerk würdigen. Gleiches gilt für sonstige betriebliche Aufwendungen, in denen sich negative Einmaleffekte sammeln. Hier gilt übrigens: Unternehmen betonen die Einmaligkeit gerne, werden dem aber nicht immer gerecht. Firmen, die mehrmals starke »Einmalaufwendungen« ausweisen, argumentieren fragwürdig.

5.3.2.8 Abschreibungen

Wichtig ist hier die Trennung zwischen einmaligen und regulären Abschreibungen. Sonderabschreibungen deuten darauf hin, dass der Gewinn in der betrachteten Periode nach unten verzerrt ist, die reguläre Ertragskraft dementsprechend höher.

5.3.2.9 Ergebnis vor Zinsen und Steuern

Gute Indikation für die Ertragskraft. Hier ist eine (am besten mehrjährige) Entwicklung der Marge sowie ein Vergleich der Rendite mit jener der Wettbewerber informativ.

5.3.2.10 Zinsergebnis

Positive Zinseinkünfte resultieren aus einer hohen Nettoliquidität. Sollten diese den Gewinn der Periode massiv unterstützen, ist die operative Ertragskraft in Frage zu stellen. Ansonsten dokumentiert ein Zinsüberschuss eine solide Finanzkraft und ist positiv zu werten. Zinsaufwendungen wiederum sind dann kritisch zu sehen, wenn sie den Gewinn deutlich reduzieren. Besonders in Phasen, in denen mit steigenden Zinsen zu rechnen ist, sind für solche Unternehmen Engpässe fast schon programmiert. Auch eine Zunahme der Zinslast über das Unternehmenswachstum hinaus ist zu hinterfragen. Ist das Unternehmen in eine Schuldenspirale gerutscht? Haben sich die Kreditkonditionen – zum Beispiel wegen einer gesunkenen Bonität des Unternehmens – verschlechtert?

5.3.2.11 Steuern

Die Steuerquote schwankt stärker, als man annehmen könnte. Auch positive Effekte (etwa über die Aktivierung latenter Steuern) können das Ergebnis verzerren. Nettogewinn und Ergebnis vor Steuern sollten deshalb immer miteinander verglichen werden.

5.3.2.12 Aktienzahl, Verwässerung, Überleitung zum Ergebnis je Aktie

Viele Firmen feiern gerne Zuwächse bei Umsatz und Gewinn, ohne im gleichen Umfang darauf hinzuweisen, dass sich der Erfolg zugleich auch auf mehr Köpfe verteilt hat, etwa wenn durch eine Kapitalerhöhung die Anzahl der ausgegebenen Aktien gestiegen ist. Manchmal ist die Verwässerung nur indirekt sichtbar, etwa bei Wandelanleihen oder ausstehenden Optionen. Positiv wirken Aktienrückkaufprogramme, die (sofern die Aktien »eingezogen« werden) die Aktienzahl senken. Sie sollten in jedem Fall nur das »voll verwässerte« Ergebnis je Aktie in Betrachtung ziehen.

Exkurs: Der Weg zum »Gewinn vor Kosten«

Gewinn ist nicht gleich Gewinn. Es gibt eine Vielzahl von Modifikationen, die einen Gewinn niedriger oder auch höher aussehen lassen können, als er ist. Grundsätzlich ist es angebracht, außerordentliche und verzerrende Elemente aus der Betrachtung auszublenden, obwohl hier zuweilen übertrieben wird.
Bei den von den Unternehmen (und Finanzanalysten) beurteilten Gewinngrößen hat sich in den vergangenen zwanzig Jahren eine Mentalität hin zum stark geänderten Gewinn eingebürgert, die kritisch gesehen werden muss.
Früher entsprach der Gewinn dem Nettogewinn, also Leistung abzüglich Aufwand. Irgendwann bemerkten schlaue Menschen, dass die Steuersätze in unterschiedlichen Ländern nicht identisch sind und der Vergleich der Erträge zweier Unternehmen unterschiedlicher Herkunft unangebracht ist, weil die hohe Steuerlast nichts mit dem eigentlichen Unternehmenserfolg zu tun hat. Der Gewinn vor Steuern (Earnings before Taxes, EBT) fand seinen Einzug als relevante Größe für den Kapitalmarkt.
Unterschiede gibt es nicht nur bei der Steuerpflicht, sondern auch bei der Refinanzierung. Der eine Konzern beschafft sich viel Eigenkapital, der andere bevorzugt Schulden. Von daher ist eine Ausblendung der Zinsen sinnvoll, da diese nichts mit dem operativen Geschäft zu tun haben. Der Gewinn vor Zinsen und Steuern (Earnings before Interests and Taxes, EBIT) findet so seine Begründung.
Manche Firmen sind organisch gewachsen, andere durch Zukäufe. Weil bei letztgenannten Unternehmen die Zukäufe in Form von Firmenwertabschreibungen (Amortisations) das Ergebnis belasten können, fallen auch diese aus der Gewinnberechnung heraus. Man kommt dann zum Gewinn vor Steuern, Zinsen und Firmenwertabschreibungen (Earnings before Interests, Taxes and Amortisations, EBITA).
Wenn schon Firmenwertabschreibungen aus der Gewinnberechnung herausfallen, dann kann man die anderen Abschreibungen, da vordergründig nicht cash-relevant, gleich mit aus der Rechnung entfernen. So entstand das heute weitverbreitete EBITDA, das Ergebnis vor Zinsen, Steuern, Abschreibungen und Firmenwertamortisationen

☞

(Earnings before Interests, Taxes, Depreciations and Amortsations). Hier klafft zum Nettogewinn mitunter eine Riesenlücke.
Während der Internetblase zur Jahrtausendwende nahm dieses »Rausrechnen« noch größere Ausmaße an. Manche Firmen, die unter hohen Aufwendungen durch Aktienoptionsprogrammen litten, veröffentlichten ein EBITDASO (Earnings before Interests, Taxes, Depreciations, Amortisations and Stock Options). Andere strichen einfach die Marketingkosten. Zumeist fiel immer der Posten heraus, der den Gewinn am meisten belastete. Sinnvoll ist dies natürlich nicht. Hätte sich dieser Trend, der in den vergangenen Jahren zum Glück abgeebbt ist, weiter fortgesetzt, wäre der »Gewinn vor Kosten« nur noch eine Frage der Zeit gewesen.

5.3.3 Das beachten Sie, wenn Sie eine Kapitalflussrechnung lesen

Cashflow-Rechnungen oder Kapitalflussrechnungen sind kompakt, recht einfach zu lesen und liefern ungemein wichtige Informationen über ein Unternehmen. Bei etlichen der großen Unternehmensskandale der vergangenen zehn Jahre (etwa Enron oder Comroad) hätte ein schlichter Blick auf die Kapitalflussrechnung die betroffenen Anleger vor Schlimmerem bewahrt. Aber auch positive Entwicklungen in einem Unternehmen finden Sie nirgendwo sonst derart ehrlich und transparent aufgestellt. Kurzum: Die Kapitalflussrechnung ist für jeden Anleger eine Pflichtlektüre.

Auch im Folgenden gilt die wichtige Einschränkung, dass die Ausführungen nur für »konventionelle« Unternehmen gelten und nicht ohne Weiteres auf Banken oder Versicherungen übertragen werden können. Jede Kapitalflussrechnung besteht aus drei Teilen, die separat und als »Gesamtkunstwerk« zu analysieren sind: der operative Cashflow bzw. der Cashflow aus laufender Geschäftstätigkeit, der Investitions-Cashflow und der Cashflow aus der Finanzierungstätigkeit.

Als grobe Anforderung sollte gelten, dass ein positiver freier Cashflow generiert wird. Das bedeutet, dass die Summe aus (gewöhnlich positivem) operativen Cashflow und (gewöhnlich negativem) Investitions-Cashflow positiv ist. Ist dies der Fall, stehen dem Unternehmen überschüssige Barmittel zur Verfügung, die für Dividenden, Schuldentilgung oder Aktienrückkäufe verwendet werden können. Ansonsten muss die Firma Kredite aufnehmen, eine Kapitalerhöhung durchführen oder die Reserven schrumpfen lassen. Ein negativer freier Cashflow ist in Jahren mit herausragenden Investitionen (etwa größere Firmenkäufe) nicht ungewöhnlich, aber erklärungsbedürftig. Das gilt auch für einen positiven freien Cashflow, der durch Desinvestitionen begründet ist, weil hier unter Umständen »Tafelsilber verkauft« wurde. Dies lässt sich nicht beliebig wiederholen.

5.3.3.1 Operativer Cashflow

Der operative Cashflow – oder auch Mittelzu- oder -abfluss aus laufender Geschäftstätigkeit – ist das Herzstück der ausgewiesenen operativen Ertragskraft eines Unternehmens. Er wird retrograd berechnet. Das heißt, das Nettoergebnis wird um alle nicht zahlungswirksamen Aufwendungen erhöht und um alle nicht zahlungswirksamen Erträge reduziert. Etliche diskussionswürdige Bestandteile aus der Gewinn- und Verlustrechnung (etwa die gewinnwirksame Aktivierung selbst erstellter Software) erfahren hier eine Demaskierung. Ebenso werden dadurch Sonderabschreibungen (beispielsweise von Goodwill) wieder in die richtige Relation gesetzt.

Ein negativer operativer Cashflow bedeutet erst einmal, dass das Unternehmen im operativen Geschäft Geld verliert, was natürlich negativ zu werten ist. Wer als Anleger in ein Unternehmen investiert, das im laufenden Geschäft Verluste macht, sollte sich zweier Sachverhalte sicher sein: Erstens sollten genug Kapitalreserven vorliegen, so dass auch Durststrecken überwunden werden können. Zweitens sollte der negative Kapitalfluss nicht von Dauer sein.

Am ehesten sind negative operative Cashflows in der Aufbau- und Wachstumsphase nachzuvollziehen. Vor allem der Aufbau von Umlaufvermögen bei dynamisch wachsenden Unternehmen kann schnell zu einem negativen Cashflow führen. In solch einem Fall sollten Sie umso genauer darauf achten, dass das Wachstum hoch ist.

Unternehmen begründen (aus hohen Forderungen resultierende) negative operative Cashflows auch gerne mit Stichtagseffekten, was per se nicht unplausibel ist, etwa zum Jahreswechsel. Viele Kunden haben die Rechnungen schon erhalten, wollen aber erst später zahlen, auch um die Mittel zum Jahreswechsel selbst in der Bilanz ausweisen zu können. In solch einer Situation ist es aber dringend geboten, dass bereits das kommende Quartal aufholende Effekte (also einen besonders positiven operativen Cashflow) beinhaltet. Ist dies nicht der Fall, sollten Sie das Investment kritisch überprüfen.

Aber auch positive Effekte im operativen Kapitalfluss sind kritisch zu hinterfragen. Resultiert ein besonders guter Cashflow aus einer deutlichen Verbesserung des Forderungsmanagements oder aus einer Erhöhung der Verbindlichkeiten aus Lieferung und Leistungen, dann ist dies naturgemäß nicht beliebig wiederholbar, sollte also positiv, aber angemessen beurteilt werden.

5.3.3.2 Cashflow aus Investitionstätigkeit

Hier ist ein negativer Saldo normal, bei positiven Ergebnissen sollte allerdings noch einmal genauer hingesehen werden. Die wichtigste Erkenntnis, die sich aus dem Investitions-Cashflow gewinnen lässt, ist der Umfang und somit das Risiko, den manche Firmen bei einer großen Investition eingegangen sind.

Übersteigt der – zum Beispiel aus der Übernahme einer anderen Firma – resultierende Negativsaldo im Investitions-Cashflow die operative Ertragskraft deutlich, dann sollten Sie Ihre Konzentration auf den erfolgten Zukauf lenken und prüfen, ob hier »Mondpreise« bezahlt wurden oder ein »Schnäppchen« gelang. Zwar kann dies nicht aus der Rechung zum Investitions-Cashflow abgeleitet werden, doch sehen Sie hier die Wichtigkeit der Prüfung des Zukaufs. Die Zahl der Firmen, die durch eine gute Übernahme einen großen

Sprung gemacht haben oder durch einen überteuerten Fehlkauf in den Ruin getrieben wurden, ist überaus hoch.

Im Übrigen neigen Firmen dazu, Kaufpreise zu vertuschen und sich in Mitteilungen zu Übernahmen in Floskeln wie etwa »über den Kaufpreis wurde Stillschweigen vereinbart« zu flüchten. Sollte die Bezahlung der Übernahme in einem Quartal erfolgen, es der einzige Zukauf in dieser Periode sein und dieser in bar abgewickelt werden, können Sie einen »geheim gehaltenen« Kaufpreis anhand des Investitions-Cashflow ablesen.

Ein Sonderfall, der den Investitions-Cashflow häufig verzerrt, ist der Wechsel von verschiedenen Geldanlagen. Sollte ein Unternehmen etwa Anteile an Geldmarktfonds oder sonst geparkten Geldern auflösen und dafür Geld erhalten, wird dies oft als Desinvestition im Investitions-Cashflow dargestellt, was das Bild deutlich verzerren kann. Sie sollten diese Zahl dann wieder aus Ihrer Betrachtung eliminieren, vor allem dann, wenn es sich um größere Beträge handelt.

5.3.3.3 Finanzierungs-Cashflow

Im Finanzierungs-Cashflow schlagen sich alle Kapitalmaßnahmen (Aufnahme von Krediten, Kapitalerhöhung, Dividendenzahlung etc.) nieder. Damit werden die Effekte aus den anderen beiden Cashflow-Rechnungen mitunter kompensiert.

Achten Sie darauf, dass die Fremdkapitalaufnahme nicht übertrieben groß ist. Zudem ist immer zu hinterfragen, warum über teure kurzfristige Kredite finanziert wird. Bei Dividendenauszahlungen oder Aufwendungen für Aktienrückkaufprogramme sollte geprüft werden, ob diese aus dem operativen Geschäft oder aus der Substanz bezahlt worden sind. Ist Letzteres der Fall, gilt es zu prüfen, ob noch genug finanzielle Substanz verblieben ist.

Beachten Sie: Unternehmen mit einer starken operativen Ertragskraft, die üppige liquide Mittel generieren und die hiermit Schulden tilgen oder Dividenden auszahlen, haben einen negativen Finanzierungs-Cashflow. Das Vorzeichen sollte Sie nicht irritieren, denn solche Unternehmen sind in der Regel kerngesund. Im Gegenzug haben Firmen, die operativ massiv Geld verlieren und Kredite aufnehmen müssen, um die Löcher zu stopfen, einen positiven Finanzierungs-Cashflow. Dieser wiederum ist kein Zeichen von Stärke.

Alle drei Teile der Kapitalflussrechnung werden schließlich saldiert. Die daraus gewonnene »Veränderung der Zahlungsmittel und Zahlungsmitteläquivalente« erhöht oder senkt den ausgewiesenen Finanzmittelfonds. Hierbei ist zu beachten, dass die meisten Firmen den Finanzmittelfonds brutto (also ohne Saldierung mit Finanzverbindlichkeiten) ausweisen. Eine Erhöhung dieses Fonds in der Berichtsperiode, die letztlich nur auf stärker in Anspruch genommenen Kreditlinien basiert, hat keinerlei Aussagekraft.

5.3.4 So lesen Sie Anhang, Lagebericht und Testat

Wie Sie den Abschnitten über Bilanz und GuV entnehmen konnten, ist ein vorgelegter Bericht ohne ausführlichen Anhang nur die Hälfte wert. Diese Erkenntnis erschließt sich auf den ersten Blick schon aus rein quantitativen Aspekten. Während Bilanz, GuV, Kapitalflussrechnung und die hier nicht weiter betrachtete Eigenkapitalveränderungsrechnung im Prinzip immer auf ein oder zwei Seiten zusammengefasst sind, können die erklärenden Fußnoten im Anhang auch in den Abschlüssen mittelgroßer Unternehmen schnell zehn bis zwanzig Seiten füllen. In diesen Passagen wird nicht um den heißen Brei herumgeredet, sondern pointiert informiert.

Mein Ratschlag bezüglich der Lektüre des Anhangs ist entsprechend einfach: Lesen Sie den Anhang von der ersten bis zur letzten Seite. Es handelt sich bei diesen nummerierten Fußnoten nicht um »eigene« Informationen, sondern um die kleinen Feinheiten, die im kurzen Zahlenwerk nicht detailliert aufgeführt sind.

Im Anhang erfahren Sie etwa, aus welchen sonstigen betrieblichen Erträgen sich die in der GuV genannte Gesamtgröße zusammensetzt. Im Anhang finden Sie für gewöhnlich eine detaillierte Aufschlüsselung über die Restlaufzeit der Verbindlichkeiten oder Umstellungen bei Bilanzierungsmethoden. Jede Information ist potenziell interessant, deshalb ist der Anhang eine Pflichtlektüre.

Dies gilt auch für den Risiko- und Lagebericht sowie den Prognosebericht. Während sich die Unternehmen bei Prognosen wegen der gegebenen Unwägbarkeit des künftigen Geschäftsverlaufs lieber etwas zurückhalten (oft finden Sie hier weiche Formulierungen wie »weiter erfolgreicher Geschäftsverlauf«, manchmal aber auch klare Ziele wie »mindestens 10 Prozent Wachstum bei Umsatz und EBIT«), packen Firmenlenker in den Risiko- und Lagebericht allein aus Haftungsgründen viele wichtige Informationen.

So ist hier frühzeitig zu lesen, was passieren könnte, wenn etwa Refinanzierungen nicht erfolgreich abgeschlossen werden oder wenn staatliche Subventionen auslaufen. Sie werden nach Lektüre dieser Hinweise natürlich nicht wissen, mit welcher Wahrscheinlichkeit gewisse Ereignisse eintreten und schon gar nicht werden Sie sich im Klaren darüber sein, wie die Börse hierauf reagieren wird. Dennoch runden diese Hinweise Ihr Bild über die Firma ab. Damit können Sie im Extremfall gut arbeiten und früh handeln, wenn die genannten Ereignisse tatsächlich eintreten oder sich abzeichnen. Deshalb sollte auch der letzte vorliegende Risiko- und Lagebericht lückenlos gelesen werden. Dass die Auflistung aller negativen Risiken aus dem Geschäftsmodell in der Summe dazu führen kann, dass ein etwas zu negatives Bild entsteht, ist nicht zu fürchten, da sich alle Berichte so lesen.

Auch auf das erteilte Testat sollte ein kurzer Blick geworfen werden. Hierbei gibt es drei denkbare Ergebnisse:

1. Das Testat wurde verweigert. Wenn dies der Fall war, ist die Firma in der Regel pleite, ihre Aktien wertlos. Hier wären Sie also zu spät.

2. Das Testat wurde problemlos erteilt. Das liest sich wie folgt: »Unsere Prüfung hat zu keinen Einwendungen geführt … der Bericht stellt die Chancen und Risiken der künftigen Entwicklung zutreffend dar …«. Das ist in über 95 Prozent der Abschlüsse börsennotierter Unternehmen der Fall und so sollte sich eigentlich jeder Abschluss lesen.

3. Das Testat wird erteilt, aber verbunden mit einem deutlichen Warnschuss des Prüfers. Dies liest sich dann wie folgt: »Unsere Prüfung hat zu keinen Einwendungen geführt … Ohne diese Erteilung einschränken zu wollen, weisen wir auf die Ausführungen im Lagebericht hin …«. Gewöhnlich wird hier konkret auf ganz besondere Gefahren hingewiesen. Sie als Anleger sollten diesen Warnschuss ernst nehmen. Sollte sich in Ihrem Portfolio ein Wert mit einem derartigen Hinweis befinden, dann sollte Ihnen bewusst sein, dass bei diesem Unternehmen die weitere Zukunft in Frage gestellt wird. Dies kann aus Anlegersicht zwar lukrativ ausgehen (sogenannte Turnaround-Spekulationen können bei einem guten Ausgang hohe Renditen mit sich bringen), sollte jedoch nur von sehr erfahrenen Investoren durchgeführt werden.

5.4 »Entpacken und Abschminken« – Einige Richtlinien

Unabhängig vom Informationsvehikel (Pressemitteilungen, Ad-hoc-Mitteilungen, Unternehmensbroschüren, Geschäftsberichte etc.) haben Unternehmen bei der Übermittlung von Fakten die Möglichkeit, über gut durchdachte Formulierungen die Fakten besser darzustellen, als sie es in Wirklichkeit sind.

Es liegt im Interesse eines Unternehmens, in der Öffentlichkeit ein gutes Bild abzugeben. Eine gute Reputation am Kapitalmarkt kann für Unternehmen und ihr Management Geld wert sein, denken Sie nur an Kapitalerhöhungen oder Optionsschein-Programme. In beiden Fällen zahlt sich ein hoher Aktienkurs aus. Deshalb ist es sinnvoll, in Meldungen immer zu betonen, das Glas sei halbvoll und nicht halbleer.

Das ist legitim und rechtlich zulässig, für Anleger aber eine Herausforderung. Unternehmen geben sehr viel Geld für hauseigene IR- und PR-Abteilungen aus und beschäftigen zudem externe Agenturen, die ebenfalls viel Know-how mitbringen, um alle verbreiteten Nachrichten und Ereignisse möglichst gut aussehen zu lassen.

Investoren fahren gut damit, wenn sie sich angewöhnen, die Meldungen bei der Lektüre gleich wieder »abzuschminken«. Weil Firmen die Fakten nicht außen vor lassen können, haben kosmetische Verschönerungen eine kurze Halbwertszeit. Das heißt aber nicht, dass Anleger in jedem Fall davor gefeit sind, darauf reinzufallen. Es kommt häufig genug vor, dass nach positiven Ad-hoc-Meldungen die Kurse der betroffenen Aktien schnell in die Höhe schießen, um anschließend unter das Ausgangsniveau zu fallen. Damit Sie nicht derjenige sind, der in einem solchen Fall anfangs auf den »Kaufzug« aufspringt, ist eine kritische Lektüre Pflicht.

Nachfolgend präsentiere ich eine sicher nicht vollständige Auswahl von vollkommen üblichen, leider etwas verschleiernden Formulierungen, wie sie etwa in vielen Ad-hoc-Mitteilungen zu finden sind. Ergänzt habe ich diese Auflistung mit Hinweisen, was bei den Formulierungen zu hinterfragen ist.

»Wir haben erneut ein hervorragendes Ergebnis erzielt.«

Diese Unterstreichung des Ergebnisses weckt zweifelsohne positive Assoziationen. Leider ist zumindest die Überschrift extrem vage gehalten. Der Begriff »hervorragend« würde wahrscheinlich nicht gewählt werden, wenn rote Zahlen geschrieben wurden, doch kann auch nach einem unerwarteten Gewinneinbruch ein hoher Profit erzielt werden. Fallen wird die Aktie dennoch, vor allem dann, wenn der Markt nicht damit gerechnet hat. Seien Sie immer besonders dann auf der Hut, wenn Zahlen und die Veränderung gegenüber dem Vorjahr nicht in den Überschriften oder den ersten Sätzen der Meldung auftauchen.

»Der operative Gewinn lag bei 50 Millionen Euro.«

Was manche Firmenlenker und IR-Manager wohl nicht wissen oder nicht wissen wollen: Es gibt in der Betriebswirtschaftslehre keinen »operativen Gewinn«. Es gibt einen Nettogewinn. Es gibt auch einen Gewinn vor Steuern (EBT) oder einen Gewinn vor Zinsen und Steuern (EBIT) und noch einige Gewinnausweise, bei denen anderes bereinigt wurde. Diese Bereinigungen müssen klar zu sehen sein. Manche Firmen reden gerne über den »operativen Gewinn« und meinen damit eine selbst kreierte Gewinngröße, bei der verschiedene Abschreibungen, »Einmaleffekte« oder Kosten für Optionsprogramme herausgerechnet wurden. Das ist legitim, sollte aber transparent gemacht werden. Wenn Sie nicht schnell und klar sehen können, wie das Unternehmen »seinen« Gewinn berechnet und sich dieses Ergebnis vom Nettogewinn unterscheidet, sollten bei Ihnen die Alarmglocken läuten.

»Nicht liquiditätswirksame Abschreibungen sorgten für eine rein buchhalterische Belastung von 50 Millionen Euro.«

Bei der Frage, ob eine Ergebnisgröße liquiditätswirksam ist oder nicht, gelten für viele Firmenvertreter offenbar zwei Maßstäbe: Nicht liquiditätswirksame positive Effekte werden gerne hingenommen, bei ergebnisbelastenden Faktoren hingegen wird eine Liquiditätsunwirksamkeit bewusst unterstrichen. Der Hintergrund dieser Asymmetrie: Wenn es gelingt, dem Anleger zu suggerieren, dass eine größere negative Belastung keinen Mittelabfluss zur Folge hat, beruhigt ihn das sicher und hält ihm vom Verkauf der Aktien des Unternehmens ab.

Der Hinweis auf Liquiditätsunwirksamkeit ist grundsätzlich nicht falsch. Als beispielsweise die Deutsche Telekom im Frühjahr 2003 für das Jahr 2002 einen Rekordverlust von 24,6 Milliarden Euro ausweisen musste, beruhte dieses Minus tatsächlich im wesentlichen Umfang auf Abschreibungen von Firmenwerten, hatte 2002 also keine Ausgaben zur Folge. Im Gegenteil: Der Konzern wies einen ansprechenden freien Cashflow aus. Bei Bereinigungen von Firmenwerten können tatsächlich hohe Verluste anfallen, die nicht die Kasse tangiert haben. Hier sollte allerdings nicht unerwähnt bleiben, dass eine Sonderabschreibung faktisch dokumentiert, dass ein für Zukäufe bezahlter Preis sich im Nachhinein als zu hoch erwiesen hat. Und dieser Kauf, der schon Jahre zurückliegen kann, wurde unter Umständen durchaus mit liquiden Mitteln teuer bezahlt.

Auch bei einer hohen Sonderabschreibung von aktivierten Eigenleistungen, beispielsweise bei eigenerstellter Software, hat die Medaille zwei Seiten, die Sie betrachten sollten. So hat ein Unternehmen, das eine derartige Bereinigung durchführt, über Jahre hinweg mit der ergebniswirksamen Aktivierung dieser Eigenleistung (liquiditätsunwirksam) sein Ergebnis aufgebessert. Firmen weisen in diesem Zusammenhang immer darauf hin, dass eine derartige Aktivierung von den Bilanzierungsrichtlinien nach den International Financial Reporting Standards (IFRS) vorgeschrieben wird. Es fällt allerdings immer wieder auf, dass auch vergleichbare Unternehmen derartige Maßgaben sehr unterschiedlich umsetzen.

Regelrecht abenteuerlich wird es, wenn börsennotierte Unternehmen Abschreibungen bei Forderungen und Vorräten als nicht liquiditätswirksam klassifizieren. Hier müsste der Ehrlichkeit halber betont werden: »Leider wurden diese Forderungen und Vorräte niemals liquiditätswirksam.« Wenn eine Forderung wertlos ausgebucht wird, hat das Unternehmen für diese bereits eine Leistung erbracht. Dass diese Forderung nicht zu Geld gemacht wird, stellt ein echtes Problem dar.

Generell gilt es, bei solch einer Liquiditätsunwirksamkeit zu prüfen, wie hoch die Ergebnisbelastung ist, die auf diesen Effekt zurückzuführen ist. Wann immer ein Unternehmen über nicht liquitätswirksame Aufwendungen berichtet, die das Ergebnis getrübt haben, sollte ein erster Blick auf die Cashflow-Rechnung des Wertes gerichtet sein: Sind hier ebenfalls deutlich Einschläge zu erkennen, sollten Sie vorsichtig sein. Ist die Entwicklung beim Cashflow klar positiv, könnte sich sogar ein lukrativer Zeitpunkt für den Einstieg in die Aktie des Unternehmens ergeben. Die Voraussetzung hierfür ist, dass die Börse stark negativ auf das ausgewiesene Ergebnis reagiert.

»Firma xy stellt die Weichen für weiter profitables Wachstum.«

Wenn ein Unternehmen unterstreicht, eine aktuelle Maßnahme diene dazu, in Zukunft an frühere Erfolge anknüpfen zu können, dann ist anzunehmen, dass in der Gegenwart einiges im Argen liegt. »Weichenstellungen« gehen praktisch immer mit schmerzhaften Anpassungsmaßnahmen wie dem Abbau von Arbeitsplätzen oder dem Verkauf von Geschäftseinheiten einher, und um diese Maßnahmen geht es eigentlich in der Mitteilung. Dass das Unternehmensmanagement versucht, für die Zukunft möglichst gute Resultate zum Wohle der Gesellschaft bzw. der Aktionäre zu erzielen, ist eine Selbstverständlichkeit und bedarf keiner weiteren Erwähnung.

»Firma xy gewinnt wichtigen Großauftrag.«

Natürlich ist es positiv zu werten, wenn ein Unternehmen Aufträge an Land ziehen kann. Und ebenso sind große Aufträge erfreulicher als kleine. Dass ein Auftrag jedoch »wichtig« ist, stellt zunächst einmal lediglich eine Behauptung dar. Darüber hinaus sollte niemals vergessen werden, dass auch ein vollkommen nach Plan verlaufendes Geschäft eine Vielzahl von Neuaufträgen impliziert.

Mitteilungen über spektakuläre Großaufträge und den Abschluss neuer Kooperationen und Partnerschaften mit bekannten Namen gehören zum absoluten Standard-Repertoire aller »Täuscher und Tarner« in börsennotierten Unternehmen. Bei nahezu allen größeren Betrugsfällen in der Vergangenheit wurde auf diese Methode zurückgegriffen. Namen wie Comroad oder Biodata fallen einem hierzu ein. Schon deshalb ist bei Meldungen dieser Art Vorsicht geboten.

Natürlich sollten Sie jetzt nicht vor lauter Misstrauen hinter jedem gemeldeten Großauftrag eine schamlose Übertreibung oder Betrug wittern. Eine praxisnahe Vorgehensweise ist die Prüfung, ob der Auftrag zu einer höheren Prognose für Umsatz und Gewinn des Unternehmens im laufenden Jahr führt. Zudem ist es gut zu wissen, wie groß der Auftrag wirklich ist. Immerhin wird diese Banalität dem Anleger zuweilen vorenthalten.

»Wir halten unseren Aktienkurs für unterbewertet.«

Wer legt fest, ob eine Aktie teuer oder billig ist? Meiner Auffassung nach machen dies allein der Markt und das dortige Zusammenspiel von Angebot und Nachfrage. Emittenten von Aktien sollten sich hingegen mit Äußerungen über die Bewertung ihrer Aktien zurückhalten. Da Firmen (etwa wenn sie Kapital einsammeln wollen) und die Vorstände (beispielsweise bei geplanten Aktienoptionsprogrammen) ein starkes Interesse an steigenden Aktienkursen haben, sind sie alles andere als objektiv.

Wenn Unternehmen es sich nicht nehmen lassen, über die Unterbewertung der eigenen Papiere zu lamentieren, so sollten sie in jedem Fall klar erklären, woran sie diese Unterbewertung festmachen, die entsprechenden Kennzahlen hinzufügen und Gegenmaßnahmen aufzeigen. Das könnte dann beispielsweise so aussehen: »Ein aktueller Börsenwert mit einem Discount von 30 Prozent auf den Buchwert erscheint uns nicht angemessen, zumal wir frei von Schulden sind und der Börsenwert zu mehr als 50 Prozent mit liquiden Mitteln unterlegt ist. Daher starten wir ein Aktienrückkaufprogramm.«

6

Der Umgang mit dem Markt

Stellen Sie sich vor, Sie buchen Ihren Urlaub und bereiten die Reise akribisch vor. Sie wissen, dass Sie auf die Kanarischen Inseln wollen und möchten die Auswahl Ihres Domizils optimieren. Sie wälzen wochenlang Kataloge, vergleichen die verschiedenen Hotels auf allen in Frage kommenden Inseln und recherchieren im Internet, wie zu dieser Zeit die Wetterverhältnisse auf den einzelnen Inseln sind. Kurzum: Sie stecken jede Menge Arbeit in die Auswahl des Ziels. Als Sie ins Flugzeug steigen, reisen Sie in der Gewissheit, dass Sie die beste Wahl getroffen haben.

Der Urlaub wird eine Riesenenttäuschung. Sie sind gerade erst zwei Tage vor Ort, als plötzlich ein riesiges Unwetter über die Kanaren hereinbricht. Alle Inseln werden, für diese Jahrzeit völlig untypisch, von einem gewaltigen Sturm heimgesucht. Zwei Wochen Dauerregen sorgen dafür, dass Sie weder ins Meer gehen noch den Pool im Hotel nutzen können. Dass Ihr Urlaubsort zu dieser Zeit der relativ beste Urlaubsort war (auf den anderen Inseln hat es sogar gehagelt, die Temperaturen waren noch niedriger) nützt Ihnen gar nichts. Der Sturm hat eine so große Wirkung, dass die vergleichsweise bessere Situation keinen Unterschied macht.

Und genauso kann es Ihnen an der Börse gehen. Die beste Auswahl von Aktien nützt Ihnen in einem sehr negativen Umfeld wenig. In katastrophalen Jahren wie 2002 fallen praktisch alle Dividendenpapiere, in Haussejahre wie 1999 wiederum führte oftmals auch schlechtes Stock Picking zu immer noch positiven Renditen. Kurzum: Am Markt kommt kein Anleger vorbei. Grund genug, sich diesem Thema zu stellen.

6.1 Keine Aktie ist autark

Dass eine Aktie mit dem Gesamtmarkt steigt und fällt, ist eine triviale, deshalb aber nicht falsche und schon gar nicht wertlose Erkenntnis. Wenn die Indizes stark an Wert gewinnen, legen natürlich auch die darin enthaltenen Aktien zumindest zu einem gewichtigen Teil zu. Die gleiche Verbundenheit gilt im Fall sinkender Kurse.

Dass sich Märkte zu großen Teilen im Gleichschritt bewegen, hat handfeste Ursachen. Makroökonomische Faktoren (siehe auch Kapitel 7.2), wie etwa Zinsänderungen, die konjunkturelle Situation oder auch Veränderungen der Wechselkurse, sind nun mal geeignet, die Geschäftszahlen vieler Unternehmen oder das Verhalten der Anleger zu verändern. So erschweren hohe oder steigende Leitzinsen das Geschäft nahezu aller Firmen, während niedrige oder sinkende Zinsen Gegenteiliges bewirken.

Auch das Verhalten der Anleger verstärkt (oftmals unbewusst) diesen Gleichschritt. In den vergangenen Jahrzehnten erlebten Indexfonds in den USA bzw. Indexzertifikate in Deutschland einen nachhaltigen Boom, der aus Anlegersicht durchaus nachvollziehbar ist: Indexprodukte sind wesentlich günstiger als aktiv gemanagte Fonds, zudem schlagen nur sehr wenige Fondsmanager (in gereiften Märkten rund 20 bis 30 Prozent) den Markt. Indexprodukte und Indexfonds unterscheiden nicht zwischen »guten« und »schlechten« oder »teuren« und »billigen« Aktien, sondern gehen in ihrer Konstruktion davon aus, dass andere Marktteilnehmer bereits dafür gesorgt haben, dass im Index die »richtigen« Aktien enthalten sind. Spekulationsblasen werden somit eher verstärkt, schließlich steigt mit einem höheren Börsenwert die Gewichtung im Index, was wiederum dazu führt, dass noch mehr Geld in die betroffene Aktie fließt.

Diese Problematik wird dadurch verstärkt, dass es neben den zahlreichen reinrassigen Indexprodukten noch eine Vielzahl von Fonds gibt, die »indexnah« arbeiten, also im Wesentlichen wie der Vergleichsindex aufgebaut sind, aber an einzelnen Stellen individuelle Akzentuierungen durch einen Fondsmanager aufweisen.

Wenn nun aber massiv Geld quasi mit der Gießkanne auf alle Aktien im jeweiligen Index (entsprechend der Gewichtung) verteilt wird, sinkt naturgemäß die Möglichkeit der Aktien, eine individuelle Wertentwicklung zu erlangen.

Aus diesen Gründen kann sich kaum eine Aktie dem Markt völlig entziehen, doch ist die Abhängigkeit vom »großen Bruder« bei einigen Werten stärker, bei anderen weniger. Manche korrelieren zwar eng mit dem DAX, schwanken aber weniger intensiv. Manche sind hochvolatil, folgen aber nicht unbedingt dem Markt. Dies hat eine Vielzahl von Ursachen: die Größe der Unternehmen (gemessen an der Marktkapitalisierung), die Abhängigkeit von der Konjunktur oder die Bedeutung von Kapitalmarktentwicklungen für die eigenen Geschäftszahlen, vor allem bei Banken und Versicherungen.

Schauen wir uns die Entwicklung einiger Blue Chips in Relation zum Leitindex DAX an.

Bei der in Abbildung 19 dargestellten Aktie von Infineon springt in erster Linie die deutliche und lange währende Underperformance zum DAX ins Auge. Diese soll aber nicht darüber hinwegtäuschen, dass der aufgrund seines hochvolatilen operativen Geschäfts stark schwankende Titel auch in den Erholungsphasen den Markt (dann positiv) überskizziert hat. Gut erkennen können Sie dies anhand der Aufwärtsbewegung im Frühjahr 2004, als sich Infineon deutlich mehr als verdoppelt hat, der Index hingegen »nur« 60 Prozent zulegen konnte.

2007 hat sich die Aktie vom Markt negativ abgekoppelt, sie korreliert mittlerweile recht schwach mit dem Index, was auch an der

Abbildung 19: Entwicklung der Infineon-Aktie im Vergleich zum DAX

Source: Thomson Datastream

geringen Gewichtung im DAX liegen kann, und kommt neuerdings sogar auf ein Beta von knapp unter 1, was in der Vergangenheit nicht so war.

Bei der Henkel-Aktie haben Sie ein Musterbeispiel für einen (auch operativ) sehr defensiven Wert, der zwar durchaus die Bewegungen der Benchmark nachvollzieht, dies jedoch in deutlich abgeschwächter Form. Der Absturz 2002/2003 ging für die Anteilseigner von Henkel ausgesprochen glimpflich aus. Im Zehnjahres-Chart notierte der Wert niemals 20 Prozent unter dem Ausgangspunkt von Anfang 1998. Diese Robustheit hat im DAX Seltenheitswert. Andererseits ging auch der Boom Ende der 1990er Jahre nahezu komplett an den Henkel-Anteilseigern vorbei.

Die Ruhe im Chartbild basiert meiner Einschätzung nach gleichermaßen auf unternehmensspezifischen wie markttechnischen Faktoren. Sicher kommt dem Unternehmen und somit dem Aktionär zugute, dass das Geschäft mit Waschmitteln deutlich weniger konjunktursensitiv ist als etwa der Maschinenbau. Die Geschäftszahlen von Henkel weisen ebenfalls sehr niedrige Schwankungen auf. Dazu kommt aber auch die Aktionärsstruktur. Henkel ist in Familienbesitz, an der Börse werden nur Vorzugsaktien gehandelt. Diese geraten in Boom-Zeiten nicht in »gierige Hände« oder ins Visier von Aufkäufern, was gleichermaßen Chancen beschneidet. Dafür existiert aber auch im Abschwung gleichermaßen weniger Verkaufsdruck.

Abbildung 20: Entwicklung der Henkel-Aktie im Vergleich zum DAX

Source: Thomson Datastream

Mit der Lufthansa-Aktie sehen Sie einen echten Zykliker im langfristigen Vergleich mit dem Leitindex DAX. Das Kranich-Papier stieg zumeist schneller als der Index in den Aufschwungphasen, verlor jedoch andererseits zügiger und deutlicher, wenn es mit dem gesamten Markt nach unten ging. Hier ist die deutliche Schwankung vornehmlich mit dem volatilen operativen Geschäft zu erklären.

Die Aktie der Allianz steht an dieser Stelle exemplarisch für die meisten Finanzwerte. Bei einem Bankhaus oder einer Kapitalsammelstelle wie der Allianz wirkt die Börse doppelt: Einerseits kommen die üblichen Marktmechanismen zum Tragen, darüber hinaus hinterlässt der Finanzmarkt eine deutliche Spur im operativen Geschäft.

Abbildung 21: Entwicklung der Lufthansa-Aktie im Vergleich zum DAX

Source: Thomson Datastream

Abbildung 22: Entwicklung der Allianz-Aktie im Vergleich zum DAX

Source: Thomson Datastream

Steigende Aktienkurse beflügeln die Ergebnisse, was wiederum den Kurs anfeuert. Die gleiche Wirkungskette funktioniert in der Abwärtsbewegung. Es ist kein Zufall, dass im Januar 2008 die höchsten Betas im DAX fast ausschließlich bei den im Index enthaltenen Finanzwerten zu verzeichnen sind.

Losgelöst von der Frage, wie stark eine Aktie am Markt hängt, bleibt zu konstatieren, dass die eine Aktie zwar stärker, die andere weniger stark vom Markt beeinflusst wird, sich jedoch kein Wert vollkommen dem »großen Bruder« Markt entziehen kann. Deshalb sollten Sie das Gesamtgeschehen immer im Auge behalten.

6.2 So managen Sie den Markt

Wer den Markt beherrschen will, muss ihn verstehen und beobachten. Klar ist: Ebenso wenig wie bei der Einschätzung der Chancen und Risiken verschiedener Aktien gibt es auch bei der Analyse des Marktes keine hundertprozentige Sicherheit und keine Möglichkeit, die Zukunft vorherzusagen.

Klar ist aber auch: Die langfristigen Trends am Aktienmarkt verschieben sich nicht von heute auf morgen. Börsen ziehen meistens über mehrere Jahre in Folge an und fallen ebenfalls in längeren Zyklen. Wenn Investoren zumindest diese großen Trends erkennen und sich ihnen entsprechend positionieren, dann ist schon viel gewonnen.

Abbildung 23: Langfristige Trends im DAX

Source: Thomson Datastream

Es geht nicht darum zu erkennen, ob beispielsweise der DAX in den kommenden drei Wochen oder gar 24 Stunden steigt oder fällt. Abgesehen davon, dass solche kurzfristigen Schwankungen massiv von Zufällen geprägt und dementsprechend schwer vorhersehbar sind, stellt sich die Frage, welchen Nutzen Sie aus einer derartigen Einschätzung ziehen könnten. Das Depot bei einem DAX-Stand von 8.000 Punkten zu räumen und dann bei 7.800 Zählern wieder vollzupacken, kann sich allein aufgrund der anfallenden Transaktionsgebühren nicht rechnen.

Es ist aber durchaus sinnvoll, die strategische Aufteilung im Portfolio den langfristigen Entwicklungen an den Märkten anzupassen. Auch ohne fundierte Kenntnisse in der Charttechnik lassen sich mit langfristigen (logarithmischen) Charts, einem Stift und einem Lineal die großen Trends erkennen.

Wie in Abbildung 23 gut zu erkennen ist, könnte in dieser Phase ein erneuter Trendbruch erfolgt sein. Nachdem der Index über knapp fünf Jahre niemals den Aufwärtstrend verlassen hat, drohte er diesen nun ernsthaft zu unterschreiten. Demzufolge wandelt sich das Marktumfeld für den Investor von positiv zu neutral und gegebenenfalls bald zu negativ. Erst eine Rückkehr zum alten Trend würde eine Entwarnung bedeuten.

Eine weitere hilfreiche Indikation ist der langfristige, gleitende Durchschnitt, beispielsweise die 200-Tage-Linie. Auch dieser Indikator hilft langfristig und unterstreicht Trends, die nicht von heute auf morgen drehen. In einem Aufwärtstrend steigt der 200-Tage-Durchschnitt, der Index befindet sich üblicherweise stets oberhalb dieses gleitenden Durchschnitts. Im Abwärtstrend verhält es sich umgekehrt: Der Durchschnitt fällt, der Basiswert befindet sich im Normalfall unterhalb des gleitenden Durchschnitts.

Auch innerhalb eines Trends hilft die 200-Tage-Linie Anlegern, sich zu orientieren. Wie Sie in Abbildung 25 sehen, verlaufen die Abstände zum 200-Tage-Durchschnitt im Normalfall innerhalb einer

Abbildung 24: 200-Tage-Linie des DAX

Source: Thomson Datastream

eindeutigen Bandbreite. Entfernt sich der DAX (im Positiven wie im Negativen) so weit, dass der äußere Korridor der Bandbreite erreicht ist, so besteht Anlass zur Vermutung, dass diese Bewegung zumindest kurzfristig ausgereizt ist.

Alle Techniken zum Erkennen des Markttrends haben das Ziel, Ihnen zu vermitteln, wo Sie gerade stehen. Behalten Sie Ihre Markteinschätzung immer im Hinterkopf, wenn Sie Ihre Aktienquote aufstocken oder reduzieren wollen. Stock Picker sollten sich nicht blind dem Markt »unterwerfen«, ihn jedoch niemals ignorieren.

Fazit: Es ist wenig sinnvoll, sklavisch Bewegungen im Markt zu folgen, die einen Horizont von einigen Wochen oder gar Tagen haben. Steckt der breite Markt indes in einer länger währenden Krise oder

Hausse, sollten Sie in Ihrem Depot den Aktienanteil durchaus reduzieren bzw. erhöhen. Eine Verschiebung um 10 Prozent des Gesamtdepots (also beispielsweise eine Erhöhung von 40 Prozent auf 50 Prozent) kann hier schon vollkommen ausreichen, da die jeweilige Entwicklung (Wertzuwachs oder Verlust) auch die Akzentuierung im Depot ändert und entsprechend prozyklisch wirkt.

Der (teilweise) Ausstieg aus dem Aktienmarkt in Krisensituationen ist die ultimative Form der Reaktion auf einen schwachen Markt. Eine ergänzende Strategie, die vor allem in Übergangsphasen mit einer ausgeglichenen Marktentwicklung von Nutzen ist, stellt die verstärkte Investition in Papiere dar, die weniger stark vom Gesamtmarkt beeinflusst sind.

Abbildung 25: Langfristige Entwicklung der 200-Tage-Linie des DAX

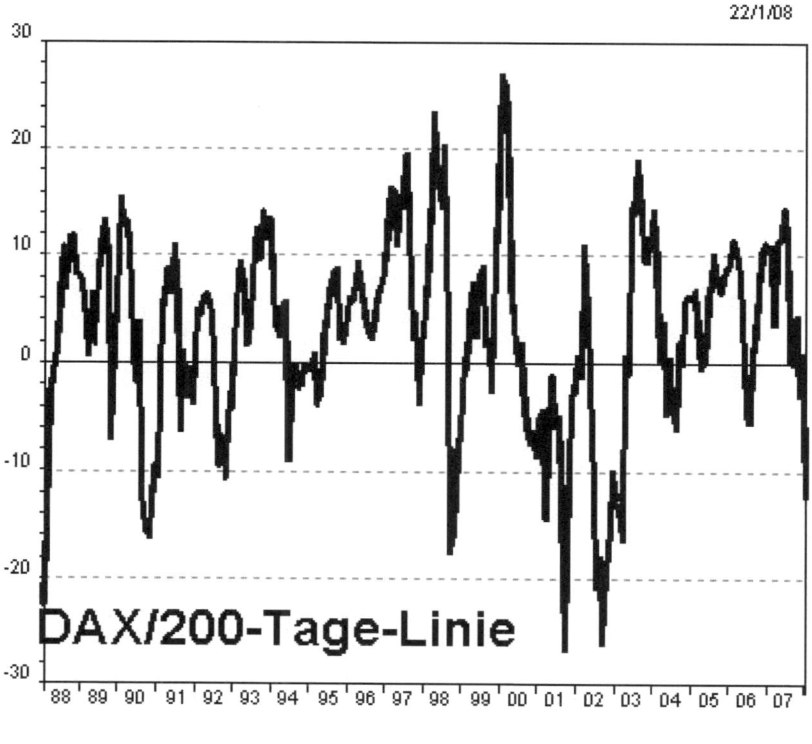

Source: Thomson Datastream

6.3 So erkennen und nutzen Sie marktunabhängige Entwicklungen

Wer Angst hat, dass der Markt seine Depotwerte mit nach unten ziehen kann, ist gut beraten, sich daran zu erinnern, dass der Markteinfluss auch positive Seiten hat. In Aufschwungphasen profitieren Investoren mitunter deutlich vom Umfeld. Markteinfluss ist also weder gut noch schlecht. Er kann aber immer dann gefährlich werden, wenn er eine unbekannte Größe ist.

Wenn Sie sich von den Massen entfernen, aber immer noch im Aktienmarkt engagiert bleiben wollen, ist der Wechsel auf kleinere und illiquidere Werte eine Option. Allerdings verhält es sich ähnlich, wie wenn Sie einem Stau auf einer Autobahn auf eine unbekannte Route über die Landstraße ausweichen. Sie haben eine Chance, der Blechkarawane zu entgehen, gehen aber ein neues Risiko ein.

Der Weg ist ungewisser, gefährlicher und kann sich unter Umständen auch als schlechtere Lösung herausstellen. Dennoch ist eine partielle Verlagerung hin zu den »Nebenkriegsschauplätzen« bei Small und Micro Caps eine ernsthafte Investitionsalternative.

Zudem ist es vernünftig, die Blue Chips selbst hinsichtlich ihrer Abhängigkeit vom Gesamtmarkt zu testen. In turbulenten Marktphasen sollte man auch fundamental interessanten Titeln kurzfristig den Rücken zukehren, wenn diese ernsthaft Gefahr laufen, vom Gesamtmarkt in die Tiefe gerissen zu werden.

Es gibt im Internet kostenlos wertvolle und stets aktualisierte Kennzahlen, die Ihnen bei der Einordnung helfen. So liefert etwa die Homepage der Deutschen Börse jederzeit Statistiken, wie eng einzelne DAX-Werte mit dem Leitindex korrelieren (1 würde eine vollkommene Deckungsgleichheit bedeuten, 0 eine komplette Unabhängigkeit, entsprechend haben alle Werte einen Korrelationskoeffizienten zwischen 0 und 1). Die Korrelation ist natürlich dynamisch, verändert sich also im Laufe der Zeit.

Exkurs: Der Betafaktor

Mit dem Betafaktor wird das Verhältnis der Schwankung eines einzelnen Werts zum Gesamtmarkt zum Ausdruck gebracht. Wissenschaftlich wird mit dem Betafaktor das systematische Risiko oder Marktrisiko gemessen.
Das Beta des Marktes selbst beträgt 1. Ein Wertpapier, das schwächer als der Markt schwankt, kommt auf ein Beta von weniger als 1. Entsprechend weisen Papiere, die sich in größeren Schwankungen als der Gesamtmarkt bewegen, ein Beta von größer als 1 auf.
Ein Beta ist eine Momentaufnahme, wobei die Verschiebungen immer langfristiger Natur sind. In längeren Phasen kann es aber durchaus vorkommen, dass das Beta eines Werts beispielsweise von 1,5 auf 0,8 sinkt. Oftmals geht dies mit einer Veränderung im operativen Geschäft zu weniger volatilen Geschäftszahlen einher.
Wenn Sie Blue Chips im Depot haben und deren Beta wissen wollen, finden Sie diese Information auf gängigen Finanzseiten, beispielsweise der Homepage der Deutschen Börse AG.

Am besten und einfachsten lässt sich mit dem Betafaktor arbeiten. Auch diese Kennzahl ist dynamisch, sie liefert aber eine gute kurzfristige Antwort auf die Frage, wie weit der Markt Ihr Portfolio gefährden kann. Setzen Sie in Aufschwungphasen auf Werte mit einem hohen Beta und gehen Sie in Baisse-Phasen auf Titel mit einem niedrigen Beta.

Fazit: Depots sollten in einer bestimmten Abfolge bezüglich ihrer Unabhängigkeit vom Markt strukturiert werden. Im ersten Schritt wird immer der Markt eingeschätzt. Ist die erwartete Entwicklung negativ, wird das Aktien-Exposure gesenkt und im zweiten Schritt geprüft, ob es im Nebenwertebereich Aktien mit einer geringen Korrelation zum Gesamtmarkt gibt, die für ein Investment in Frage kommen. Dahin sollte das Engagement aber nur in begrenztem Umfang verlagert werden. Als dritten Schritt gilt es, verbliebene Blue-Chip-Engagements hinsichtlich ihrer Marktabhängigkeit kritisch zu prüfen und möglicherweise zu reduzieren.

Abbildung 26: Technische Daten des DAX

Unternehmen	ISIN	Volatilität 30	Volatilität 250	Korrelation 30	Korrelation 250	Beta
ADIDAS	DE0005003404	30,29%	22,41%	0,6007	0,4997	0,7101
ALLIANZ SE	DE0008404005	27,46%	23,61%	0,7203	0,8113	1,2150
BASF	DE0005151005	24,51%	21,54%	0,5442	0,7064	0,9652
BAY.MOTOREN WERKE	DE0005190003	29,66%	24,94%	0,6579	0,6433	1,0176
BAYER AG	DE0005752000	24,10%	24,97%	0,6624	0,6258	0,9910
COMMERZBANK	DE0008032004	35,59%	30,35%	0,7739	0,7491	1,4419
CONTINENTAL	DE0005439004	44,95%	28,50%	0,6382	0,6720	1,2145
DAIMLER AG	DE0007100000	32,17%	29,51%	0,7554	0,7267	1,3601
DEUTSCHE BANK	DE0005140008	19,54%	23,61%	0,8453	0,8067	1,2080
DEUTSCHE BOERSE O	DE0005810055	53,38%	33,74%	0,5646	0,5757	1,2317
DEUTSCHE POST AG	DE0005552004	26,38%	23,06%	0,4798	0,4554	0,6659
DEUTSCHE POSTBANK	DE0008001009	32,58%	32,09%	0,5556	0,5261	1,0708
DT.TELEKOM	DE0005557508	12,44%	17,06%	0,1101	0,5047	0,5461
E.ON	DE0007614406	21,67%	21,37%	0,1677	0,6062	0,8217
FRESEN.MED.CARE	DE0005785802	23,38%	21,72%	0,0601	0,3808	0,5246
HENKEL KGAA VZO	DE0006048432	21,11%	22,69%	0,4273	0,5108	0,7352
HYPO REAL ESTATE	DE0008027707	129,25%	52,95%	0,4880	0,4396	1,4762
INFINEON TECH.AG	DE0006231004	45,63%	31,99%	0,5626	0,4727	0,9590
LINDE	DE0006483001	26,89%	21,36%	0,3325	0,5641	0,7640
LUFTHANSA AG	DE0008232125	26,57%	25,50%	0,6514	0,6109	0,9879
MAN	DE0005937007	36,13%	31,34%	0,6861	0,6482	1,2884
MERCK KGAA	DE0006599905	29,29%	26,99%	0,2159	0,3851	0,6593
METRO	DE0007257503	34,48%	24,28%	0,3438	0,4090	0,6299
MUENCH.RUECKVERS.	DE0008430026	22,50%	17,92%	0,6070	0,7284	0,8276
RWE	DE0007037129	23,07%	19,82%	0,1533	0,4811	0,6047
SAP	DE0007164600	20,05%	20,26%	0,3940	0,4511	0,5797
SIEMENS	DE0007236101	30,46%	29,21%	0,8022	0,7155	1,3256
THYSSENKRUPP	DE0007500001	36,74%	28,31%	0,5526	0,6917	1,2417
TUI	DE000TUAG000	39,60%	34,05%	0,7328	0,5957	1,2864
VOLKSWAGEN	DE0007664005	20,68%	26,21%	0,5234	0,4213	0,7002

Quelle: Deutsche Börse AG (Stand: 21.1.2008)

In Abbildung 26 finden Sie, auch um ein Gefühl für das Risikoprofil im DAX zu bekommen, eine Auflistung der Volatilitäten der einzelnen Werte (auf Basis von 30 und 250 Handelstagen) sowie die Korrelation zum DAX und das auf 250 Handelstagen basierende Beta.

6.4 So können Sie Ihr Portfolio hedgen

Einem fallenden Markt können Sie am besten ausweichen, indem Sie Aktien temporär oder partiell den Rücken kehren. Dieser Schritt kann allerdings nicht ohne Kosten und Mühen rückgängig gemacht werden, etwa wenn Sie das Geschehen an den Märkten als zu negativ eingeordnet und dementsprechend zu früh verkauft haben. Gleiches gilt für die Rückkehr aus einzelnen Regionen oder Branchen. Der Einsatz von eher marktunabhängigen Aktien entschärft dieses Problem nur bedingt, zumal bei der Zusammenstellung eines Portfolios nicht nur das Beta von Bedeutung ist, sondern auch die Fundamentaldaten der Aktien.

Problematisch sind diese »Rückzugsstrategien« in Phasen, in denen der Markt nur temporär, nicht aber nachhaltig fällt. Sollten Sie der Auffassung sein, dass der Markt (und damit Ihr Depot) momentan eine Durststrecke überwinden muss, dann ist es durchaus vernünftig, das Portfolio über den Kauf eines Put-Optionscheins abzusichern bzw. zu »hedgen«.

Der Übergang vom »Absichern« zum »Spekulieren« ist fließend. Eine Wette auf fallende Aktienindizes ist mit den identischen Werkzeugen (Puts und Futureverkäufen an Terminbörsen, Käufe eines Put-Optionsscheins, Leerverkäufe) möglich, soll aber nicht weiter thematisiert werden. Das folgende Beispiel soll Ihnen den Weg weisen, wie die zeitweilige Absicherung eines Portfolios durchgeführt werden kann.

Herr Schulze ist ein vorsichtiger Anleger, er setzt eher auf defensive Aktien. Da verwundert es nicht, dass drei seiner vier Depotwerte ein Beta unter 1 aufweisen, also schwächer als der DAX schwanken.

Abbildung 27: Beta-Berechnung für das Beispiel-Portfolio

Stück	Aktie	Kurs	Wert	Beta der Aktie	Depotanteil
600	Adidas	41 Euro	24.600 Euro	0,664	24,6%
190	Allianz	140 Euro	26.600 Euro	1,067	26,6%
400	Bayer	60 Euro	24.000 Euro	0,967	24,0%
1240	Dt. Post	20 Euro	24.800 Euro	0,6028	24,8%
			100.000 Euro		100,0%

Herr Schulze sieht die Investitionen langfristig. Er hat alle Papiere mit einem Anlagehorizont von mehreren Jahren gekauft. Auch weil er die Dividendentitel bereits einige Zeit hält und der Abgeltungsteuer-Stichtag am 31. Dezember 2008 naht, will er die Aktien nicht aufgrund einer temporären Marktschwäche verkaufen.

Doch vor genau solch einer Phase steht der Aktienmarkt im Moment, erwartet Herr Schulze. Bei einem DAX-Stand von 7.500 Punkten geht er davon aus, dass der Index innerhalb der kommenden zwölf Monate rund 1.000 Punkte an Wert verliert. Entsprechend will er sein Depot absichern.

Als Erstes muss Schulze prüfen, wie stark sich Auswirkungen im Markt, gemessen am DAX, überhaupt auf sein Portfolio auswirken. Dies macht Schulze, indem er das aktuelle Beta seines Portfolios ermittelt. Wie Sie der Tabelle entnehmen können, haben drei der vier Depotwerte ein Beta von weniger als 1, somit ist anzunehmen, dass auch das Beta des Gesamtportfolios unterhalb von 1 liegt.

Genaue Antworten liefert eine auf dem jeweiligen Depotanteil gewichtete Addition der Einzelbetas. In diesem Beispiel lautet die Rechnung wie folgt:

Beta Depot = 0,246 x 0,664 + 0,266 x 1,067+0,24 x 0,967 + 0,248 x 0,6028 = 0,83 (auf zwei Nachkommastellen gerundet).

Für Schulze ist das eine erfreuliche Erkenntnis. Sein Depot hat ein geringeres Beta als 1, dementsprechend sind die Risken rechnerisch kleiner als bei einem exakt dem DAX entsprechenden Depot.

Nun muss Schulze noch Put-Optionsscheine kaufen. Da mit einem plötzlichen Kursverfall, wie Schulze ihn erwartet, die Volatilität üblicherweise zunimmt, sind klassische Put-Optionsscheine sinnvoller als Turbos, bei denen die Zunahme der Volatilität keinen positiven Preiseffekt hat.

Die Anzahl der Optionsscheine, die benötigt wird, errechnet sich wie folgt: Der Depotwert (100.000 Euro) wird durch den DAX-Indexstand (7.500 Punkte) mal dem Bezugsverhältnis der Scheine (üblicherweise 0,01) dividiert.
In diesem Fall also 100.000/(7.500 x 0,01) = 1.333.

Diese Zahl wird nun mit dem Beta des Portfolios (0,83) multipliziert. Das Ergebnis von 1.333 x 0,83 = 1.106 liefert die Anzahl der Puts, die Schulze erwerben muss. Er kauft nun sinnvollerweise Papiere, deren Restlaufzeit der Länge entspricht, für die Schulze Sorgen bezüglich des Marktes hat. Wenn er voll abgesichert sein will, nimmt er Papiere mit einer Basis auf Höhe des aktuellen DAX. Er kann aber auch (um weniger dafür aufzuwenden) eine Basis nehmen, die beispielsweise 200 Punkte unterhalb des aktuellen DAX steht. In diesem Fall hätte er im übertragenen Sinne eine Teilkaskoversicherung abgeschlossen.

7 Die Rolle externer Einflüsse

Keine Börse, kein Depot, keine einzige Aktie kann sich dem Einfluss von außen entziehen. Damit sind nicht nur die in Kapitel 6 ausführlich dargestellten Schwankungen des Gesamtmarktes gemeint, sondern die Summe all dessen, was sich an kursrelevanten Ereignissen und Entwicklungen abseits der Firmenwände ergeben kann.

Alle Mühe, die Sie sich machen, einen Dividendentitel zu analysieren und zu begreifen, kann ins Leere laufen, wenn sich wichtige Wechselkursparitäten plötzlich und nachhaltig verschieben oder wichtige Anlegergruppen entscheiden, ohne Rücksicht auf Verluste massiv Anteile zu verkaufen. Es liegt in der Natur der Dinge, dass viele dieser und anderer Ereignisse plötzlich und unerwartet kommen (sogenannte »exogene Schocks«) und somit nur bedingt ins Kalkül zu ziehen sind. Andere Faktoren, negative wie positive, entwickeln sich jedoch langsamer und schlagen sich nach und nach im Aktienkurs nieder. In jedem Fall sollte ein Investor seine Depotbestandteile kontinuierlich in Bezug auf äußerliche Einflüsse überprüfen.

7.1 Mögliche exogene Faktoren im Überblick

Externe Einflüsse sind in Vielzahl vorhanden, eine Ordnung kann nach verschiedenen Faktoren unterteilt werden. Ich unterscheide nachfolgend zwischen makroökonomischen Faktoren, womit ich im

Wesentlichen größere ökonomische Einflüsse meine, überwiegend von anderen Finanzmärkten, etwa dem Devisen- oder Rentenmarkt, und Ereignissen »nah am Unternehmen«. Hierzu zählen wichtige Ereignisse bei Konkurrenten und Vergleichsunternehmen.

Beide Gruppen haben ihre besonderen Eigenschaften und mit beiden müssen Sie anders umgehen. Erkenntnisse über unternehmensnahe Ereignisse sind spezifisch auf das jeweilige Unternehmen und allenfalls noch auf direkte Konkurrenten anwendbar. Das wertet dieses Wissen auf den ersten Blick ab. Dem steht jedoch gegenüber, dass Sie darüber hinaus allgemeinere Anwendungsmöglichkeiten haben.

Der Aufwand, neben dem eigenen Portfolio und potenziellen neuen Werten noch die Entwicklung bei Devisen, Zinsen oder Konkurrenzunternehmen zu beobachten, ist sicher nicht zu unterschätzen, aber durchaus lohnenswert.

7.2 Die Ausrichtung Ihres Portfolios an makroökonomischen Faktoren

Wesentliche makroökonomische Faktoren, die Aktienwerte nachhaltig beeinflussen, sind die Veränderungen an den Zins- und Devisenmärkten, Einflüsse aus der Politik, die Entwicklungen an den Rohstoffmärkten sowie die konjunkturelle Wetterlage. Alle Veränderungen in diesen Bereichen haben Einfluss auf die Wertentwicklung von Aktien. Bei einigen Titeln wirken sie auf das operative Geschäft – ein schwacher US-Dollar etwa erschwert den Export in die USA –, bei anderen haben sie Einfluss auf die Refinanzierung – Hochzinsphasen belasten Firmen mit starker Fremdverschuldung – und bei wieder anderen kann sich der Einfluss des Staates auf die Aktionärsstruktur auswirken, etwa wenn ausländische Staatsfonds keine weiteren Anteile erwerben dürfen.

Sie tun gut daran, die denkbaren Entwicklungen weitgehend zu antizipieren und die Erkenntnisse bestmöglich auf Ihr Depot anzuwenden.

Nehmen Sie zum Beispiel die seit Jahren anhaltende Abwertung des US-Dollar gegenüber dem Euro. Sicher konnte niemand, weder Laie noch Profi, punktgenau vorhersagen, wie viel der Dollar noch an Wert verlieren wird, doch kam der Trend für niemanden überraschend. Sicherheit gibt es an der Börse keine, aber beim Dollar war die Wahrscheinlichkeit für einen deutlichen Kursrückgang recht hoch. Anleger hatten in den vergangenen Jahren viele Gelegenheiten und allen Grund, sich entsprechend zu positionieren.

Nehmen wir an, Sie gehören zu den Anlegern, die diese Entwicklung rechtzeitig erkannt hätten. Vor die Wahl gestellt, wie Sie diese Einschätzung hätten geldwert für Ihr Depot umsetzen können, hätten Sie mehrere Alternativen gehabt:

1. Sie hätten etwa mit Derivaten eine direkte Spekulation auf einen schwächeren Dollar eingehen können.

2. Sie hätten »top down« vorgehen und entscheiden können, dass Sie aufgrund der angenommenen Entwicklung Ihr Depot umstrukturieren und den Anteil der Aktien reduzieren, deren Wert offensichtlich von einem schwachen Dollar negativ beeinflusst wird. Hierzu gehören US-amerikanische Aktien. Ersetzt hätten Sie diese dann durch potenzielle Profiteure, hierzu zählen Unternehmen, die massiv im Dollarraum einkaufen, selbst aber primär in der Eurozone verkaufen. Auch hoch in Dollar verschuldete Firmen der Eurozone gehören in diese Kategorie.

3. Sie hätten »bottom up« vorgehen können. Sie hätten sich dabei die Werte der Reihe nach angeschaut und gefragt, inwieweit diese von der Dollarschwäche betroffen sind und wie weit der Markt dies antizipiert hat. Diese Methode kommt dem klassischen Stock Picking am nächsten. Die Vorteile: Sie hätten durch die ständige Arbeit mit dem Szenario dieses stets aufs Neue überprüft. Dabei ist die Gefahr geringer, dass Sie übereilt eine Aktie ins falsche Raster eingeordnet hätten. Nehmen Sie als Beispiel Porsche. Das Unternehmen hing einst stark vom Dollar ab und hat in den ver-

gangenen Jahren durch aggressive Wetten auf einen fallenden Dollar von dessen Verfall sogar profitiert. Auf spekulative Art und Weise wurde aus einem Verlierer der Dollarschwäche ein Profiteur.

Wenn aus erkannten Trends bei externen makroökonomischen Faktoren negative Einflüsse für den Gesamtmarkt werden, dann sollten Sie Ihre gesamte Depotstruktur defensiver ausrichten (siehe auch Kapitel 6). Als weiteren Schritt sollten Sie bei Ihren Werten (und möglichen Kaufkandidaten) überprüfen, ob und wie sich die mutmaßliche Veränderung negativ auf das operative Geschäft und/oder den Aktienkurs auswirken wird.

Exkurs: So beeinflussen Zinsen den Aktienkurs

Dass steigende Zinsen Gift für den Aktienmarkt sind, lesen Sie in jeder Anlegerzeitschrift in schöner Regelmäßigkeit. Warum aber niedrige Zinsen positiv und hohe Zinsen negativ für die Entwicklung von Aktienkursen sind, ist beileibe nicht jedem Investor geläufig. Die Ursachen sind durchaus vielfältig, die Entwicklung der Zinsen beeinflusst die Geschäftsentwicklung der Unternehmen und den Aktienkurs der betroffenen Firmen in verschiedener Hinsicht.
Als erster Punkt sollte auf die Opportunitätskosten für Aktienanleger eingegangen werden, die mit Zinsen verbunden sind. Je attraktiver die Verzinsung von Anleihen und anderen Zinsanlagen ist, umso unattraktiver sind im direkten Vergleich die Renditechancen (in Form von Kursgewinnen und Dividenden), die der Aktienmarkt bietet. Die plakativste (und nicht unumstrittene) Form der Gegenüberstellung von Bond- und Aktienmärkten ist das sogenannte Fed-Modell. Demnach soll die Rendite am Anleihemarkt mit dem inversen Kurs-Gewinn-Verhältnis der Unternehmen verglichen werden. Bei einer Umlaufrendite von 5 Prozent wäre demnach eine Aktienmarktbewertung mit einem KGV von bis zu 20 fair. Hier ist kritisch einzuwenden, dass Unternehmensgewinne wesentlich unsicherer als Zinszahlungen sind, zudem auf buchhalterischen Effekten beruhen können. ☞

Dennoch bleibt zu konstatieren, dass Anleger immer dann den Aktien verstärkt aus dem Weg gehen, wenn es im Anleihemarkt mehr zu verdienen gibt.
Auch die Unternehmen selbst sind von den Zinsen betroffen, da viele Firmen sich über Kredite und Anleihen finanzieren. Je teurer dies wird, umso weniger bleibt für den Aktionär hängen. Wenn eine Firma beispielsweise 5 Prozent ihres Umsatzes für Zinsen aufwendet und die Zinssätze beispielsweise von 4 Prozent auf 8 Prozent steigen, ist es gut möglich, dass das Unternehmen deutliche Abschläge in seiner Rentabilität bis hin zu defizitärem Geschäft in Kauf nehmen muss.
Bewertungen von Analysten oder Wirtschaftsprüfern basieren im Wesentlichen auf einer finanzanalytischen Betrachtung künftiger Cashflows. Weil sie erst in Zukunft anfallen, werden sie »abgezinst«, also mit einem Verzinsungssatz im Wert gemindert. Fällt dieser höher aus, sinken die »fairen Werte« mitunter deutlich. Das kann – so es um Analystenstudien zu der Aktie selbst geht – den Kurs direkt negativ beeinflussen, kann aber auch auf die Geschäftszahlen und die Bilanz und somit indirekt auf die Kurse negativ wirken. Wenn etwa in der Firmenbilanz durch Übernahmen Goodwill aktiviert ist, dann unterzieht der Wirtschaftsprüfer die Werthaltigkeit dieses Firmenwerts regelmäßig einem »Impairment Test«. Auch dieser basiert auf der Abzinsung künftiger Erträge. Somit besteht bei steigenden Zinsen die erhöhte Gefahr von Wertbereinigungen dieses Goodwills, was auf das Eigenkapital und damit indirekt auf den Aktienkurs durchschlägt.
Niedrige Zinsen wirken zudem stimulierend auf die Wirtschaft und die Fusions- und Übernahmetätigkeit von Unternehmen und Beteiligungsfonds. Letzteres konnten Sie in den vergangenen Jahren häufig beobachten: Private-Equity-Fonds nutzten die niedrigen Zinsen, um fremdfinanzierte Übernahmen von großen Konzernen durchzuführen und den Firmen anschließend die Schulden aufzubürden. Losgelöst von der berechtigten Frage, was aus diesen Unternehmen später wird – etwa wenn die Zinsen steigen –, führte diese Modewelle auch zu vielen Übernahmen von börsennotierten Firmen. Also erfolgte auch auf diesem Weg eine positive Stimulation der Börse durch die niedrigen Zinsen.

7.2.1 Zinsen

Die Entwicklung bei den Zinsen, damit sind Leitzinsen und Kapitalmarktrenditen gleichermaßen gemeint, wirkt massiv auf den Aktienmarkt. Deshalb ist es absolute Pflicht für Aktionäre, sich mit der Entwicklung auf den Zinsmärkten auseinanderzusetzen und das Portfolio entsprechend auszurichten. Sowohl die gesamte Zusammensetzung des Portfolios als auch die einzelnen Engagements gehören bezüglich der Zinsentwicklung stetig überprüft.
Zinsentwicklungen sind ausgesprochen langfristige Trends. Dementsprechend geben Ihnen Veränderungen ausschließlich langfristige Indikationen, wie Sie Ihr Depot strukturieren sollten. Im Vergleich zu den vergangenen zwanzig bis dreißig Jahren kann die

Abbildung 28: Entwicklung der Rendite zehnjähriger US-Anleihen

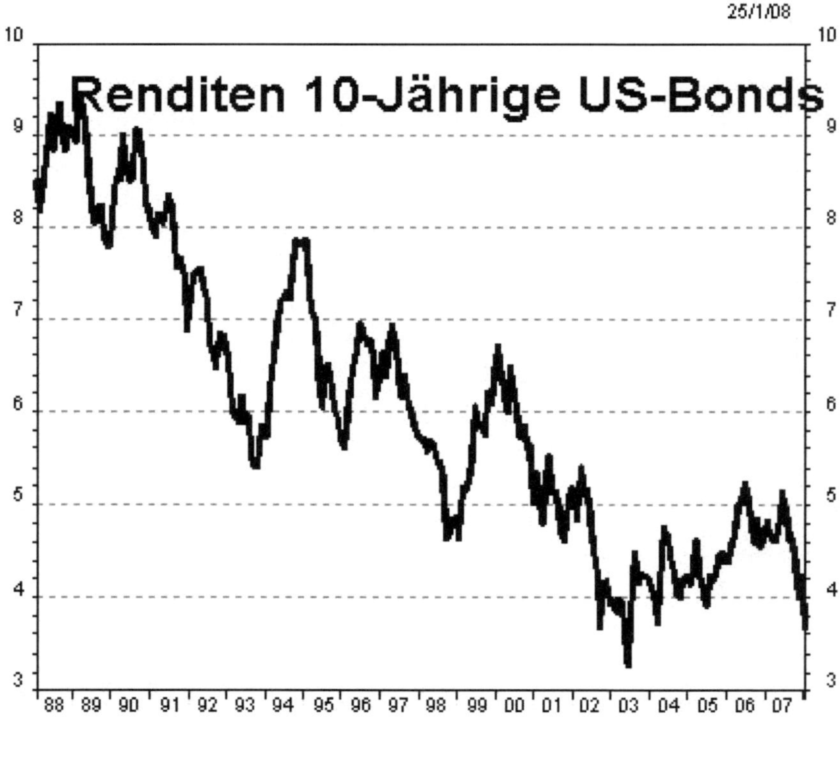

Source: Thomson Datastream

Abbildung 29: Entwicklung der Rendite zehnjähriger Staatsanleihen in Euroland

Source: Thomson Datastream

momentane Phase mit ruhigem Gewissen als Niedrigzinsphase eingeordnet werden. Lediglich sehr lang laufende Rückblenden (etwa über hundert Jahre) dokumentieren, dass derart niedrige Zinsen durchaus normal sind, auch über längere Perioden.
Zinsmärkte sind, wie fast alle Kapitalmärkte, stark internationalisiert und entsprechend eng aneinandergekoppelt. So folgt die Umlaufrendite in Euroland in beachtlicher Genauigkeit dem aus den USA vorgegebenen Trend (siehe Abbildungen 28 und 29). Dementsprechend sollten Sie nicht nur den europäischen, sondern auch den amerikanischen Zinsmarkt beobachten.

Die Erkenntnis, dass die momentan recht niedrigen Zinsen für den Aktienmarkt stimulierend sind, ist schön und gut. Wichtiger ist die

Antizipation einer möglichen Trendwende. Hier sollten Investoren bedenken, dass die Umlaufrenditen einerseits von Angebot und Nachfrage, im größeren Maße aber von der Zinspolitik der jeweiligen Notenbank beeinflusst ist. Diese wiederum hat sich – zumindest im Fall der EZB – die Inflationsbekämpfung auf die Fahnen geschrieben. In der mittel- bis langfristigen Entwicklung sieht es dabei durchaus nach einer Rückkehr dieses Schreckgespenstes aus.

Wie sich die Zinsen in den kommenden Jahren auch immer entwickeln werden (für beide Richtungen gibt es triftige und nachvollziehbare Argumente), Anleger können sich in Ruhe und langfristig positionieren. Zumindest über Nacht wird sich keine Veränderung einstellen.

Abbildung 30: Entwicklung der Inflationsrate in Euroland

Source: Thomson Datastream

Sollten sich die Marktzinsen nachhaltig festigen, dann sollten im Depot vor allem Kreditinstitute und hoch verschuldete Konzerne kritisch beäugt werden. Denn diese Entwicklung könnte sich auf die Geschäftsentwicklung auswirken, dementsprechend ist auch der Aktienkurs in Gefahr. Sollten Sie die eine oder andere Position in Ihrem Depot im Hinblick auf eine mögliche Übernahme durch Dritte erworben haben, sollten Sie bei steigenden Zinsen ein kleines Fragezeichen setzen, da zumindest fremdfinanzierte Übernahmen schwieriger werden. Im Gegenzug sind all diese Firmen potenzielle Nutznießer einer Entspannung bei der Zinsentwicklung.

Neben der Bilanzstruktur (Verschuldungsgrad) spielt bei Veränderungen am Zinsmarkt auch die Branchenzugehörigkeit eine substanzielle Rolle. Deutlich und vergleichsweise schnell sind stets Finanzunternehmen (Banken und Versicherungen) betroffen, weniger beeinflusst von Zinsänderungen sind beispielsweise Firmen aus dem Pharmasektor.

Zusammenfassung: Empfehlungen für die Depotausrichtung am Zinsmarkt

- Die Entwicklung der Zinsen zählt zu den wichtigsten externen Einflussfaktoren für den Aktienmarkt. Entsprechend sollten Aktionäre sowohl die Leitzinsen als auch die Umlaufrenditen kontinuierlich verfolgen.

- Steigende Zinsen sind aus einer Vielzahl von Gründen negativ für den Aktienmarkt, Zinssenkungen hingegen dem Trend nach positiv.

- In der Praxis wirken diese Einflüsse jedoch oft zeitverzögert.

- Zinsänderungen können aufgrund ihrer Langfristigkeit von Anlegern ohne große Probleme in der Depotzusammensetzung berücksichtigt werden.

- Zinsänderungen schlagen besonders bei Firmen mit hoher Verschuldung und Vertretern der Finanzwirtschaft zu Buche.

7.2.2 Währungen

Die Veränderung von Währungsverhältnissen beeinflusst gleich in zweifacher Hinsicht Ihr Depotmanagement.

1. Wechselkursänderungen können einerseits die Ergebnisse der Unternehmen in Ihrem Portfolio positiv wie negativ beeinflussen. So ist ein gegenüber dem Euro fallender US-Dollar nachteilig für Unternehmen, die im Euroraum produzieren und viel exportieren. Eine Firma, die wiederum viel aus Übersee importiert und ihre Erlöse vorwiegend im Euroraum generiert, ist ein klassischer Nutznießer der genannten Entwicklung.

2. Aktien werden auch in einer bestimmten Währung gehandelt. Wann immer Sie Ihren »angestammten Währungsraum« verlassen und woanders interessante Titel aufgespürt haben, hängt der Erfolg in Ihrem Portfolio nicht nur von der Wertveränderung der Aktie, sondern auch der entsprechenden Währung ab. Sie können hier also zweimal gewinnen, aber auch doppelt verlieren.

Zumindest der Außenwert des Euro zum US-Dollar sollte stets beobachtet werden. Es gibt extrem wenige Unternehmen, deren Geschäftsentwicklung nicht deutlich vom Dollar beeinflusst ist. Deshalb gehört der regelmäßige Blick auf die Euro/Dollar-Parität zu den Pflichtaufgaben eines Investors. Dies gilt natürlich genauso für Yen, Franken oder Pfund, sofern die analysierten Unternehmen in diesen Währungsregionen einen Geschäftsschwerpunkt haben oder dort börsennotiert sind.

In den vergangenen Jahren war die Tendenz eindeutig: Der Euro gewann an Wert, während der Dollar unter einer stetigen Werterosion litt. Auch wenn bereits eine spürbare Verschiebung stattgefunden hat, gibt es noch einige Argumente für eine weitere Abwertung des Dollar, insbesondere die negative Außenhandelsbilanz der USA und die hohe öffentliche und private Verschuldung.

Abbildung 31: Entwicklung des Euro-Kurses in US-Dollar

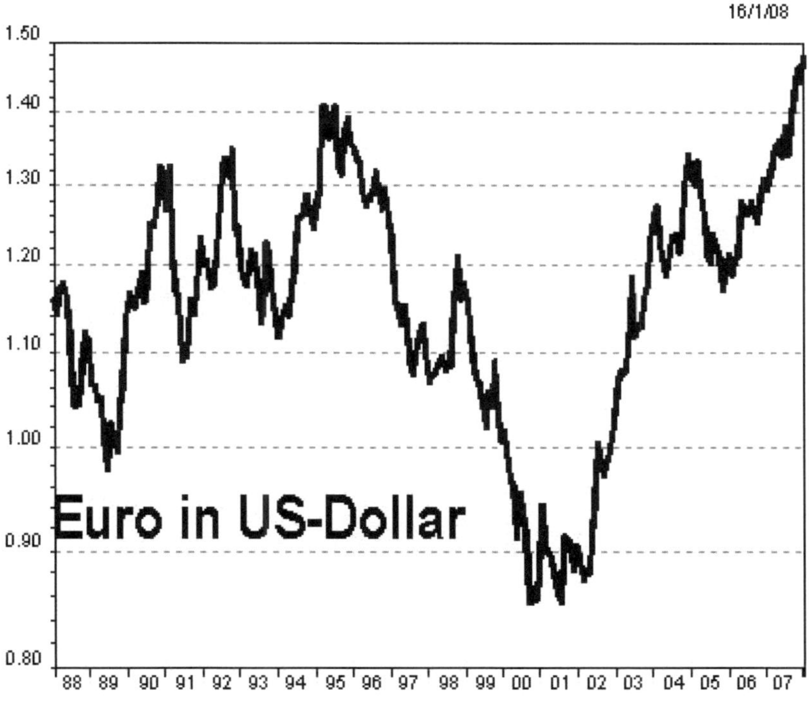

Source: Thomson Datastream

Wie auch immer sich die Zukunft entwickelt: Sie müssen versuchen, die Veränderungen zu erkennen und bei der Depotzusammensetzung berücksichtigen. Dabei geht es nicht um Änderungen von heute auf morgen, sondern um langfristige Trends. Somit besteht kein Anlass zur Hektik, wohl aber zur Entschlossenheit.

Wie ein schwacher Dollar – oder umgekehrt ein starker Dollar – wirkt, ist recht einfach geschildert: Betroffen von einem schwachen Dollar sind vor allem Unternehmen, die ein internationales Geschäft betreiben. Fällt ein hoher Anteil der Produktionskosten im Euroraum an und werden gleichzeitig die Erlöse vornehmlich in US-Dollar generiert, dann sinkt die Wettbewerbsfähigkeit und letztlich fallen auch die Gewinnmargen. Ein Musterbeispiel für ein

Unternehmen mit derartigen Problemen ist der Flugzeughersteller EADS.

Im Gegenzug nutzt ein schwacher Dollar den Unternehmen, die im Ausland produzieren und dies auf Dollarbasis abrechnen (das kann auch in Asien geschehen) und ihre Produkte vornehmlich in Euroland vertreiben. Typische Beispiele für solche Geschäftsmodelle sind die meisten Mode- und Lifestyle-Konzerne.

Darüber hinaus reduziert ein schwacher Dollar beispielsweise die Wertansätze von Beteiligungen in den USA, wirkt jedoch positiv auf eventuelle US-Dollar-Schulden, da auch diese an Wert verlieren. Für Anleger gilt, die verschiedenen Einflüsse gegeneinander abzuwägen.

Dass dies in der Regel recht gut gelingen kann, liegt an der Kommunikationspolitik der meisten Unternehmen. In jedem guten Risiko- und Lagebericht finden Sie die möglichen Einflüsse von Wertveränderungen anschaulich ausgeführt. Sollte dies nicht der Fall sein, gilt es kritisch nachzuhaken. Unproblematisch sind Währungen immer nur dann, wenn das Geschäft komplett im Inland stattfindet. Ansonsten können die Umsätze immer leiden. Sollte es nur wenige Aufwendungen im Ausland geben, leiden auch die Gewinne.

Wichtiger noch als der Status quo ist der in Unternehmensberichten dokumentierte Ansatz, wie mit möglichen Wechselkursänderungen umgegangen wird. Ein idealtypischer Lagebericht enthält eine klare Aussage, bis zu welchem Währungsverhältnis der Geschäftsverlauf unproblematisch ist und welche Maßnahmen bei deutlichen Änderungen ergriffen werden, etwa Produktionsverlagerungen in einen anderen Wirtschaftsraum oder eine kurzfristige Glättung des Problems durch Absicherungsgeschäfte.

Wie erwähnt, interessiert Sie die Veränderung bestimmter Devisenkurse nicht nur aus dem Blickwinkel der Einflüsse auf das operative Geschäft, sondern auch hinsichtlich der Investitionen in andere

Abbildung 32: Entwicklung des S&P 500

Source: Thomson Datastream

Währungsräume. Auch hier soll der Einfluss der Entwicklung am Beispiel des Euro-Dollar-Verhältnisses beispielhaft erklärt werden. Amerikanische Aktien werden in Dollar gehandelt, dementsprechend basieren auch die Indizes auf einer »Dollar-Sicht«.

Abbildung 32 stellt den Verlauf des US-amerikanischen S&P-500-Index dar. Die Wertentwicklung von Anfang 2005 bis Anfang 2008 verlief lange Zeit erfreulich, lediglich am Ende des betrachteten Zeitraums gab es Einbußen. Unter dem Strich gab es noch ein Plus im zweistelligen Prozentbereich.

Ganz anders sieht es aus, wenn Sie den S&P-500-Index in Euro bewertet betrachten (siehe Abbildung 33). Hier gab es nämlich einen recht konstanten negativen Einfluss durch die Dollar-Abwertung, entsprechend schlechter war die Performance, die letztlich bei weniger als 5 Prozent in drei Jahren lag.

Der Einfluss der Währungsparitäten auf die Wertentwicklung von Nicht-Euro-Aktien kann natürlich auch positiver Art sein. Deshalb spricht überhaupt nichts gegen Engagements in anderen Regionen. Investoren sollten sich nur jederzeit bewusst sein, dass die Kursentwicklung immer das Produkt aus der Wechselkursveränderung und der Performance an der Heimatbörse ist. Sollten Sie etwa eine negative Erwartung für die weitere Entwicklung des britischen Pfund haben, dann sollten Sie zweimal darüber nachdenken, bevor Sie britische Aktien kaufen.

Abbildung 33: Entwicklung des S&P 500 in Euro

Zusammenfassung: Empfehlungen für die Depotausrichtung am Devisenmarkt

- Die Veränderung der Wechselkurse wirkt sowohl auf die Geschäftsentwicklung von Unternehmen mit internationalem Geschäft als auch auf den Eurokurs internationaler Aktien.
- Ein schwacher Dollar geht in der Regel zulasten der europäischen Exporteure und zugunsten der Importeure.
- Währungsmanagement ist eine originäre Managementaufgabe, die auch entsprechend transparent kommuniziert werden muss. Dass ein Unternehmen Währungsrisiken hat, ist kein Problem. Wichtig ist jedoch ein aktiver Umgang mit diesem bedeutenden Faktor.
- Bei Investitionen in ausländische Unternehmen gehen Sie stets implizit eine Währungswette ein. Seien Sie sich dessen bewusst, kaufen Sie also nur in den Währungsräumen, denen Sie eine Aufwertung zutrauen.

7.2.3 Politische Einflüsse

Einem alten Börsianersprichwort zufolge haben politische Börsen kurze Beine. Dementsprechend beeinflussen politische Entscheidungen oder die Ausgänge von Wahlen die Kurstafeln nur für kurze Zeit und auch nicht wesentlich. Diese Einschätzung ist für mein Empfinden jedoch zu plakativ und letztlich nur für den Gesamtmarkt zutreffend.

Bei einzelnen Unternehmen und Branchen können politische Faktoren durchaus das Geschäft und den Aktienkurs kräftig beeinflussen. Nehmen Sie als Beispiel den Sektor der regenerativen Energien, vor allem die Solarindustrie, die durch die Novelle der Einspeisevergütung 2004 einen unbeschreiblichen Aufschwung erlebt hat und die

Kurse an der Börse um ein Vielfaches steigen ließ. Eine umgekehrte Entwicklung durchlebte die Zigarettenindustrie, die aufgrund erheblicher politischer Einflüsse mehrere Milliarden in Entschädigungsfonds zahlen musste und auch an der Börse an Einfluss verlor.

Die Gefahr oder Chance, durch einen politischen »Eingriff« im operativen Geschäft nachhaltig beeinflusst zu werden, ist für Unternehmen größer, wenn die Firma eher klein ist und/oder nur von wenigen oder einem Geschäftszweig oder Produkt abhängt. Auch ein regionaler Absatzmarkt (etwa nur Deutschland) ist naturgemäß nachteilig.

Sollten Ihre Depotwerte mehrheitlich größere und multinationale Unternehmen sein, dann sind die Risiken durch plötzliche politische Negativeinflüsse naturgemäß reduziert, jedoch nicht vollständig eliminiert. Denken Sie an die Prügel, die selbst die Öl-Multis einstecken mussten, als manche Staaten (beispielsweise Venezuela und Russland) einen größeren Teil an der Wertschöpfung eingefordert haben.

Nicht nur Staaten und Regierungen sind eine potenzielle Gefahr, auch die Nicht-Regierungs-Organisationen wie Menschenrechts- oder Umweltlobbyisten können manchen Firmen (und damit den Anteilseignern) das Leben schwer machen. Denken Sie beispielsweise an den öffentlichen Druck, der auf Shell/Royal Dutch ausgeübt wurde, als der Mineralölkonzern die Ölplattform Brent Spar versenken wollte. Auch beim Handyriesen Nokia könnte im Jahr 2008 der wichtige deutsche Markt ins Trudeln kommen, nachdem Politiker und Gewerkschaften eine Werksschließung in Deutschland massiv angegriffen haben.

Generell steigt das Risiko, negativem politischem Druck ausgesetzt zu sein, immer dann, wenn das Geschäftsmodell politisch umstritten oder öffentlich angreifbar ist. Rüstungs- oder Tabakkonzerne sind hier zu nennen, aber auch Firmen mit einem hohen Wertschöpfungsanteil in Entwicklungs- und Schwellenländern (etwa Modekonzerne), die schnell Gefahr laufen, als Ausbeuter gebrandmarkt zu werden.

Positive staatliche Einflüsse in Form von Protektionismus zugunsten des jeweiligen Unternehmens oder Subventionen sind ein zweischneidiges Schwert. Ein kurzfristiger – das können auch mehrere Jahre sein – positiver Einfluss auf die Geschäftszahlen ist vollkommen unstrittig, doch besteht die Gefahr, dass das Unternehmen in eine gefährliche Abhängigkeit gerät. Oft wird schon kurz nach einem durch hohe Subventionen ausgelösten Kaufrausch die Frage laut, ob und wie lange die Förderung anhält. Hohe Zweifel an einer Fortführung drücken dann schnell auf den Aktienkurs. Nehmen Sie etwa die Börsenwerte vieler Finanzdienstleister, die ehemals geförderte Steuersparmodelle, wie bestimmte Schifffonds, offeriert haben.

Auch die Wertenwicklung des Filmstudiobetreibers Babelsberg ist exemplarisch. Nachdem ein staatlicher Förderungsfonds aufgelegt wurde, der die Geschäftszahlen des Konzerns deutlich verbesserte, verdoppelte sich der Aktienkurs binnen kurzer Zeit. Die anschließende Frage, ob die Förderung auf Dauer Bestand haben werde, ließ den Kurs wieder kontinuierlich absacken.

Zu den positiven Einflüssen zählen neben direkten staatlichen Hilfen sicher auch wohlgefällige (oligopolistische oder gar monopolistische) Marktstrukturen sowie protektionistische Besitzstände des Staats in Form von Beteiligungen. Am Beispiel Volkswagen, wo die Hoffnung auf eine juristische Abwertung der »goldenen Aktie« den Kurs getrieben hat, sehen Sie auch, dass der Einfluss auf den Börsenwert nicht per se positiv ist.

Zusammenfassung: Empfehlungen für die Depotausrichtung am politischen Umfeld

- Staatliche und politische Einflüsse sind stets vorhanden, sie sollten nie ignoriert werden.

- Meistens richten sich diese Einflüsse auf das operative Geschäft, selten auf die Aktie oder den Aktienhandel.

- Den besten Schutz gegen negative politische Einflüsse bietet eine große Basis an Geschäftsfeldern sowie regionale Vielfalt im Geschäft. Allerdings werden Großkonzerne bevorzugt »angegriffen«.

- Positive politische Einflüsse in Form von Subventionen oder Vergünstigungen sind ambivalent zu betrachten. Einem kurzfristig nicht abzustreitenden positiven Wert steht die Gefahr einer Abhängigkeit gegenüber. Langfristige Käufe aufgrund solcher Einflüsse sind deshalb fragwürdig.

7.2.4 Fiskalpolitische Einflüsse

Eines der größten Anlegerthemen im Jahr 2008 ist zweifelsohne die Einführung der Abgeltungsteuer. Der Wegfall der Steuerfreiheit von Spekulationsgewinnen wird zweifelsohne die Renditen der Anleger langfristig mindern; auf die Aktienauswahl sollte der Wegfall deshalb aber keinen Einfluss haben. Die besagte Renditeminderung betrifft schließlich alle Dividendenpapiere gleichermaßen. Hier kann höchstens die Frage gestellt werden, ob ein aktives Management von Aktien gegenüber einem Langfristkauf von Fonds oder Dachfonds nicht generell diskriminiert ist. Meiner Einschätzung nach wird die Einführung dieser Steuer den Aktienmarkt für zwei bis drei Jahre deutlich – erst positiv wegen Torschlusspanik, danach negativ – beeinflussen, anschließend sollte sich wieder Normalität einstellen.

Doch spielen Steuern nicht nur auf der Ebene des Aktionärs, sondern auch auf Unternehmensebene eine bedeutende Rolle. Die Besteuerung der Unternehmensgewinne dürfte hier am wichtigsten sein, doch können kurzfristig auch anstehende Änderungen in der Absetzbarkeit bestimmter Aufwendungen die Nettogewinne und damit auch die Aktienkursentwicklung beeinflussen.

Die jüngste Unternehmensteuerreform dokumentierte anschaulich, wie sowohl die Gesamtwirtschaft als auch spezielle Branchen betroffen waren: Eine insgesamt für den Aktienmarkt vorteilhafte Senkung der

Körperschaftsteuer wurde durch die Modifikation vieler Sonderregelungen teilweise gegenfinanziert. Diese Änderungen wiederum trafen die Geschäftszahlen zahlreicher Firmen. So sorgt die Einführung der vieldiskutierten »Zinsschranke«, also einer begrenzten Absetzbarkeit von Zinsaufwendungen, bei vielen Unternehmen, die sich stark über Fremdkapital finanzieren, für Sorgen und spürbare Kursabschläge. Auch der weitgehende Wegfall der Nutzung von Verlustvorträgen bei Firmenübernahmen sorgte bei vielen Unternehmen, die hohe Verlustvorträge besitzen, für eine deutlich gedämpfte Übernahme- und Kursfantasie seit dem Jahreswechsel 2007/2008.

Vorteilhaft für Anleger ist jedoch die meist langwierige Umsetzung fiskalpolitischer Änderungen. Somit können Investoren nur in ganz seltenen Fällen kalt erwischt werden. Eine solche Ausnahme von der Regel war die rückwirkende Streichung bestimmter Steuersparmodelle wie Filmfonds, die für die Anbieter und Vertreiber tatsächlich relativ plötzlich verlief. Ansonsten gilt: Vieles kommt, aber eigentlich nichts über Nacht.

Bei Steuerreformen kann das Portfolio kurz auf mögliche Auswirkungen in der Steuerquote überprüft werden. Die langfristige Umsetzung gibt Ihnen genügend Zeit, beim Unternehmen nachzufragen. Wenn es ausgesprochen nachhaltige Auswirkungen geben sollte, kann das Engagement überdacht werden. Die Auswirkungen der Steuerpolitik für den Gesamtmarkt halte ich hingegen eher für nachrangig.

Zusammenfassung: Empfehlungen für die Depotausrichtung an fiskalpolitischen Einflüssen

- Steuern können beim Anleger wirken (etwa die Abgeltungsteuer), aber werden sich vor allem im Unternehmen niederschlagen (Gewinnbesteuerung).

- Bei der Aktienauswahl geht es praktisch nur um die Unternehmensbesteuerung. Die individuelle Besteuerung des Anlegers sollte wenig Einfluss auf die Auswahl haben.

- Steuerreformen wirken sowohl in der Breite wie auch im Speziellen, also etwa bei bestimmten Branchen.

- Die sehr langfristige und öffentlich diskutierte Durchführung von steuerlichen Veränderungen gibt Ihnen viel Zeit zu reagieren.

- Insgesamt sind die Auswirkungen aus möglichen steuerpolitischen Änderungen in der Relevanz für Ihr Depot eher gering einzuschätzen.

7.2.5 Entwicklungen auf den Rohstoffmärkten

Rohstoffe und Edelmetalle spielten am Kapitalmarkt über mehr als zwei Dekaden faktisch keine Rolle. Nachdem in den 1970er Jahren Öl oder Gold über lange Zeit haussierten, setzte in den 1980er und 1990er Jahren eine länger währende Abstinenz der Anlegerschaft ein – Rohstoffe waren völlig aus der Mode. Die seit einigen Jahren währende markante Hausse bei den Preisen nahezu aller Rohstoffe mahnt jedoch dazu, dass Anleger diese Entwicklung im Blick haben sollten: sowohl als mögliche Investitionsziele wie auch hinsichtlich des Aktien-Exposure, welches von den Rohstoffen beeinflusst sein kann.

Zweifelsohne sind Investments in den Rohstoffsektor denkbare und sinnvolle Portfolio-Ergänzungen zu Aktien, Renten und Cash, zumal die Korrelation etwa zwischen vielen Rohstoffen und Aktien zumindest im Langfristvergleich nicht allzu hoch ist. Im Gegensatz zu Zinsen und Devisen sind die Rückkopplungen auf den Aktiensektor bei Änderungen am Rohstoffmarkt überschaubar. Lediglich spezielle Branchen, zum Beispiel Stahl und Biokraftstoffe, werden bei ihren Geschäftszahlen stark von den Preisen an den Rohstoffmärkten beeinflusst.

Der Ölpreis nimmt noch am ehesten eine auch für den Aktienmarkt und die Volkswirtschaft relevante Rolle ein und sollte deshalb konti-

Abbildung 34: Langfristige Entwicklung des Ölpreises

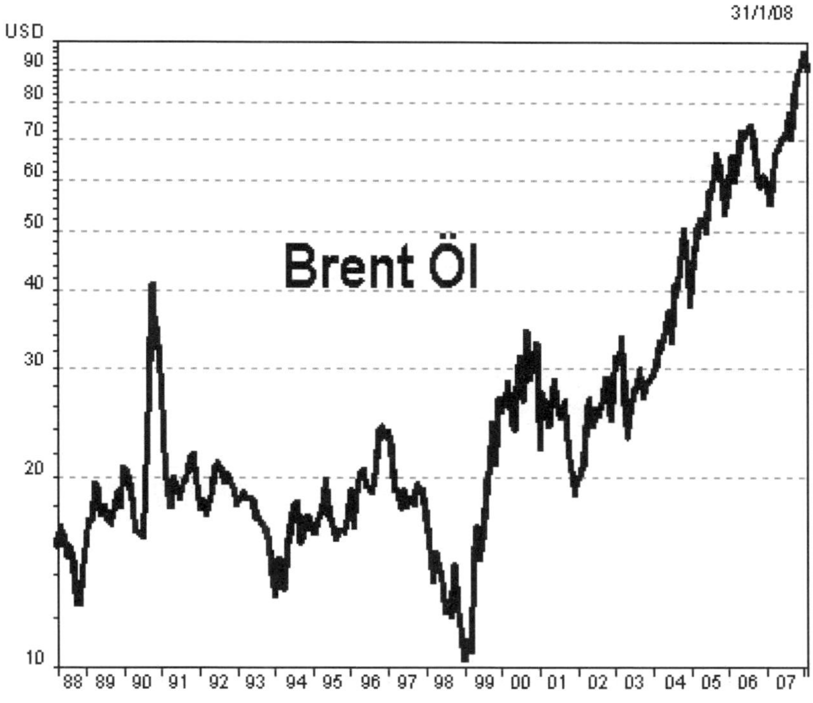

Source: Thomson Datastream

nuierlich beobachtet werden. Bestimmte Industrien, zum Beispiel Luftfahrt, Automobil oder Chemie, profitieren in ihrem operativen Geschäft von einem günstigen Ölpreis, leiden aber unter hohen Notierungen. Umgekehrt sind die Mineralölindustrie oder Anbieter regenerativer Energien potenzielle Nutznießer von steigenden Ölpreisen. Die Wirkung auf Geschäftsergebnisse und den Aktienkurs hat sich bei etlichen Unternehmen in den vergangenen zwanzig Jahren aber deutlich verringert.

Wertänderungen von Edelmetallen wie Gold und Silber sind für die Geschäftsentwicklung praktisch aller börsennotierten Unternehmen ohne größere Bedeutung. Ähnlich verhält es sich bei Agrarrohstoffen, wenn diese sich stark verteuern: Hier sind der Theorie nach große Nahrungsmittelproduzenten wie Nestlé oder Danone negativ betroffen. In der Praxis hatten diese Unternehmen aber in den vergangenen Jahren, in denen es deutliche Preissteigerungen bei diversen Agrarrohstoffen gegeben hat, keine Probleme, die höheren Erzeugerkosten an die Endkunden weiterzugeben.

Nicht ganz so einfach verhält es sich im industriellen Bereich, etwa bei der Verarbeitung von Industriemetallen. Hier bereiten deutliche Preiserhöhungen immer wieder Probleme. Sind die Abnehmer keine Privatkunden, sondern ebenfalls multinationale Großkonzerne, zum Beispiel aus der Automobilindustrie, dann besteht die Gefahr, dass diese die Preissteigerungen nicht komplett übernehmen und beim Verarbeiter die Margen unter Druck geraten. Deshalb sollten Sie bei einer massiven Verteuerung etwa von Kupfer, Stahl oder Aluminium entsprechende Werte kritisch anschauen und im Zweifelsfall auf das Motto »Big is beautiful« setzen. Je größer ein Konzern ist, umso geringer die Gefahr, dass er am Verhandlungstisch die schlechteren Karten hat.

Neben den Gewinnmargen sollten Sie bei allen rohstoffverarbeitenden Konzernen immer die Bilanz kritisch im Auge behalten. Steigen die Rohstoffpreise und somit auch die Wertansätze in der Bilanz, hat dies positive Effekte. Dadurch können jedoch andere Schwächen überlagert werden, was trügerisch ist. Fällt im Gegenzug ein Rohstoffpreis schnell und deutlich, werden mitunter Wertberichtigungen fällig. Ähnlich wie beim Umgang mit Devisen (siehe Kapitel 7.2.2) gilt auch hier: Firmen, die ein transparentes und bewährtes Risikomanagementsystem haben, sind dem Grundsatz nach zu bevorzugen.

Zusammenfassung: Empfehlungen für die Depotausrichtung an den Rohstoffmärkten

- Preisänderungen von Rohstoffen haben selten einen übergreifenden Charakter, betreffen also eher einzelne Firmen und Branchen, kaum aber den gesamten Markt.

- Rohstoffe sind als Asset-Klasse eine Alternative zu Aktien, insgesamt aber ein Nischenprodukt für Kapitalanleger. Vor allem Edelmetalle sind hier zu nennen, die wirtschaftlich keine Rolle spielen, aber am Kapitalmarkt regelmäßig – wenn auch in sehr langjährigen Zyklen – in den Mittelpunkt rücken.

- Rückkopplungen von Rohstoffpreisänderungen auf das operative Geschäft gibt es besonders bei Verarbeitern dieser Güter. Hier sollten Sie immer dann kritisch hinschauen, wenn sich die Preise schnell erhöhen, der Verarbeiter eher klein oder die Kunden recht groß sind.

- Neben der Entwicklung in der Gewinn- und Verlustrechnung kann und soll auch der Einfluss auf die Bilanz überprüft werden. Deutliche Preisänderungen bei den aktivierten Gütern können signifikant auf das Zahlenwerk wirken, positiv wie negativ. Jeder betroffene Konzern sollte in seinen Publikationen klar und nachvollziehbar kommunizieren, wie er das Problem der Preisschwankungen managt.

7.2.6 Konjunktur

Ähnlich wie der Aktienmarkt durchläuft auch die Volkswirtschaft Zyklen mit unterschiedlich langen Laufzeiten. Eine komplette Deckungsgleichheit in Form von »Aufschwung = steigende Kurse« und »Abschwung = fallende Notierungen« gibt es nicht, dennoch ist eine gewisse Korrelation unumstritten. Der Aktienmarkt antizipiert dabei die realwirtschaftliche Veränderung, läuft in seiner Entwicklung also ein Stück weit vorweg.

Entsprechend sollten Anleger zumindest im groben Raster wie folgt verfahren: In der Spätphase eines Abschwungs kann verstärkt zugegriffen werden, in einem fortgeschrittenen Boom hingegen sollte das Aktien-Exposure bereits wieder reduziert werden. Alternativ kann der Anlageschwerpunkt in solch einer Phase auch in andere Regionen mit einem versetzten Konjunkturzyklus verlagert werden.

Fast noch wichtiger als die Zusammensetzung des Portfolios ist die Einordnung der einzelnen Werte in den Konjunkturzyklus. Die Abhängigkeit der einzelnen Branchen von der konjunkturellen Großwetterlage variiert beachtlich. Dementsprechend ist zu empfehlen, sich rechtzeitig vor einem Abschwung aus zyklischen Unternehmen zu verabschieden und eher konjunkturunabhängige Titel zu bevorzugen. Umgekehrt verhält es sich, wenn der Aufschwung vor der Tür steht: In solch einer Phase verpassen Sie unter Umständen Riesenchancen, wenn Sie bei der Zusammensetzung des Portfolios ausgerechnet die Werte ausklammern, deren Gewinn im Aufschwung am deutlichsten zulegen wird.

Typische zyklische Branchen sind der Maschinenbau, Stahlproduzenten, Automobilkonzerne oder auch Logistik- und Transportkonzerne. Klassische Beispiele für eine gewisse Unabhängigkeit finden Sie in den Sektoren Pharma, Telekommunikation und Versorger.

Neben der reinen Branchenzugehörigkeit gibt es deutliche Unterschiede zwischen den einzelnen Unternehmen, die Sie beachten sollten. Hierzu zähle ich vor allem die Qualität der Bilanz. Ein solide finanzierter Konzern mit einer hohen Eigenkapitalquote und substanziellen Cashreserven kann auch über eine Abschwungphase gehalten werden. Bei einem hoch verschuldeten Konzern hingegen ist der Test, ob ein Margen- und Gewinneinbruch »ausgehalten« werden kann, auch für den Anteilseigner wesentlich gefährlicher.

Zudem gilt es zu hinterfragen, wie flexibel der Konzern seine Kapazitäten anpassen kann. Ein hoher Anteil variabler Kosten beruhigt hier ungemein. Ein guter Gradmesser ist sicher der Anteil von Leih-, Saison- und Zeitarbeitern. Dieser Teil der Belegschaft kann in einer längeren Flaute vergleichsweise unproblematisch reduziert werden. Insgesamt gilt auch hier: Das Unternehmen soll in jeder Konjunkturphase klar dokumentieren, wie es für das kommende Geschäft gerüstet ist. Klare Aussagen, wo die Gefahren liegen und wie diese Herausforderungen gemeistert werden sollen, wirken vertrauensbildender als Sätze wie »Wir hoffen, dass der Aufschwung anhält.«

Zusammenfassung: Empfehlungen für die Depotausrichtung an der Konjunktur

- Die Volkswirtschaft entwickelt sich, genau wie der Aktienmarkt, zyklisch. Die Auf- und Abschwungphasen von Konjunktur und Börse sind nicht deckungsgleich, weisen aber eine gewisse Korrelation auf.
- Aktienmärkte geben eine Frühindikation, wie sich die Volkswirtschaft entwickeln wird. Deshalb fallen Indizes bereits vor dem Abschwung und legen vor dem nächsten Aufschwung wieder zu.
- Entsprechend sollten Sie Ihr Aktien-Exposure in der Breite frühzeitig anpassen und sich nicht vom Status quo in der Volkswirtschaft fehlleiten lassen.
- Neben der Aktienquote sollte die Branchenzusammensetzung auch vom Konjunkturverlauf geprägt sein. Im Aufschwung sollten Zykliker das Depot dominieren, im Abschwung wenig volatile Substanzwerte.
- Nicht alle Unternehmen sind gleich gut auf die konjunkturellen Schwankungen vorbereitet. Hinterfragen Sie die Variabilität des Geschäfts und prüfen Sie besonders im Abschwung die Krisenfestigkeit der Bilanz.

7.3 Was nah am Unternehmen passieren kann

Neben dem Geschehen im Unternehmen selbst und den großen makroökonomischen Einflüssen gibt es eine dritte Art von Faktoren, die den Aktienmarkt prägen kann. Ich nenne dies »Geschehnisse nah am Unternehmen«. Großkunden können pleitegehen oder ihre Einkaufspolitik ändern. Konkurrenten können stärker oder schwächer werden. Andere Anteilseigner können gezwungen sein, ihre Aktienpakete um jeden Preis zu liquidieren. Ein Konkurrent oder Finanzinvestor kann Ihnen als Aktionär den Tag mit einer Übernahmeofferte verschönern usw.

All diesen Beispielen ist gemein, dass sie mit einer Unternehmens- oder Aktienanalyse vorher kaum oder gar nicht »zu greifen« sind, sich aber deutlich in den Geschäftszahlen und auch im Aktienkurs niederschlagen können – und das in einem intakten Marktumfeld.

Zwar gibt es klare Grenzen der Machbarkeit – als Aktionär können Sie unmöglich das Geschehen bei allen Konkurrenten, Geschäftspartnern und Großaktionären verfolgen –, doch gibt es ein paar einfache Regeln, worauf Sie beim Kauf von Aktien achten können und wie Sie in bestimmten Fällen reagieren sollten.

7.3.1 Änderungen in der Anteilseignerstruktur

Erfolgreiche Spekulation basiert im Wesentlichen darauf, dass Anleger sich für Aktien entscheiden, bevor andere Investoren auf den Titel aufmerksam werden. Anleger haben somit immer ein subtiles Interesse, dass sich neue Investoren für den Wert interessieren und gegebenenfalls sogar einen höheren Preis zu zahlen bereit sind. Diese Erwartung oder besser gesagt Hoffnung erklärt viele auffällige Verhaltensweisen, etwa wenn Anleger in Chatforen positive Nachrichten über »ihr« Unternehmen verbreiten oder sich einfach darüber freuen, dass in einem Anlegermagazin positiv über den Wert berichtet wird.

Der Umgang mit anderen (potenziellen) Aktionären kann über verschiedene Vehikel erfolgen. Die technische Analyse etwa basiert auf der Auswertung der erfolgten Käufe und Verkäufe der anderen Anleger. Ein anderer Weg ist der Blick auf die Aktionärsstruktur bei

Ihren Investments. Auch dieses zumeist frei verfügbare Zahlenmaterial liefert brauchbare Hinweise, wie sich der Wert künftig entwickeln kann und zeigt mögliche Kursrisiken.

Die Anteilseigner lassen sich in vier verschiedene Gruppen unterteilen: Gründungs- und Familieninvestoren, strategische Investoren, größere Finanzinvestoren und freie Anteile (Free Float). Jede dieser Gruppen hat eigene Charakteristika und bietet spezielle Chancen und Risiken.

Ein hoher Anteil der Gründer oder deren Familien und Nachkommen ist im Grundsatz positiv zu werten. Derartig geprägte Unternehmen kamen in den vergangenen Jahren insbesondere in Bezug auf ihre recht langfristige strategische Vorgehensweise in Mode und wurden an der Börse durch die Einführung des Index GEX geadelt. Im Kern teile ich diese positive Sichtweise, besonders bei langfristigen Engagements. Kritisch ist diese Dominanz bei kleineren Unternehmen, weil hier das Risiko, dass der Gründer aus seiner Firma ausscheiden oder sie verkaufen will, oft nicht sehr gut abgefedert ist. Zudem besteht bei all diesen Firmen immer die Gefahr einer etwas fragwürdigen Einstellung zur Aktionärskultur. Solange es läuft (Beispiel Porsche), stört sich keiner daran. In schwierigen Zeiten könnte zu operativen Problemen noch ein mangelnder Druck durch die freien Aktionäre zu einer Ausweitung der Krise führen. Eine Aufstockung der Anteile durch diesen Aktionärskreis ist unüblich, tendenziell sind Gründungsfamilien potenzielle Verkäufer. Dementsprechend gehen von ihnen weniger direkte positive Kursimpulse aus.

Strategische Investoren in Form von Konkurrenten, Lieferanten oder Großkunden sind Fluch und Segen zugleich. Sie sind in vielen Fällen potenzielle »Zukäufer« und haben zumeist ein ernsthaftes und nachhaltiges Interesse an einem noch größeren Anteil bis hin zur Übernahme. Zudem ist ihr Engagement oft ein Vertrauensbeweis in die Qualität des Unternehmens und die Attraktivität der Aktie. Da es um Brancheninsider geht, messe ich diesem Zuspruch eine hohe Aufmerksamkeit bei. Kritischer ist der Einfluss im tagtäglichen Geschäft zu sehen. Interessenkonflikte sind programmiert, beispielsweise wenn ein Großkunde wesentlicher Lieferant oder Abnehmer ist. Zwar sind die praktischen Einflussmöglichkeiten nur indirekt, doch ist ein klares Motiv vorhanden. Kommt also ein derartiger strategischer Investor neu ins Boot, sollten Sie den weiteren Verlauf der Geschäftszahlen kritisch prüfen.

Finanzinvestoren, also jede Form von Fonds, Beteiligungsgesellschaften oder sonstigen Kapitalsammelstellen, sind zumindest auf den ersten Blick positiv. Auch hier haben Sie die Bestätigung, dass jemand mit Know-how Ihre Einschätzung teilt. Zudem gibt es zwischen diesen Finanzinvestoren und Ihnen eine spürbare Interessenkongruenz. Fondsmanager sind ebenfalls an einem mittelfristigen Anstieg des Kurses interessiert.

Mit der Gemeinsamkeit sehen Sie auch schon das größte Problem: Ihr »Verbündeter« ist auch ein potenzieller »Konkurrent« beim Wettlauf um den besseren Ausstieg. Überhaupt ist der Ausstieg eines größeren institutionellen Investors oftmals eine spannende Sache, um es vorsichtig zu formulieren. Nicht selten geht der Verkauf eines wichtigen Anlegers aus der Finanzwelt mit einem spürbaren Kursverfall einher.

Dieser Ausstieg kann daher in Ihrem Depot sehr schnell Spuren hinterlassen. Leider wird dies nicht vorher angekündigt und kann vollkommen losgelöst von der Situation im gemeinsamen Investment geschehen. Asset-Manager sind nicht nur sehr begrenzt eigenständig handelnde Personen, sondern vielmehr Getriebene ihrer Investoren. Leidet der Fonds an Mittelabflüssen, ist der Fondsmanager zum Verkauf von Aktien gezwungen.

Brisant wird es, wenn es richtige Schwierigkeiten im Haus des Finanzinvestors gibt. Als beispielsweise der Fondsmanager Florian Homm im September 2007 seine Ämter beim Investmenthaus Absolute Capital niederlegte und etliche Anleger ihre Gelder aus den Absolute-Capital-Fonds abzogen, löste dies im deutschen Nebenwertebereich, in dem die Fonds vielfach engagiert waren, ein echtes Armageddon aus. Etliche Werte verzeichneten kräftige Kursverluste. Die schweizerische Holding Fortune Management, an der Absolute Capital Anteile im zweistelligen Prozentbereich hielt, fiel etwa über Monate wie ein Stein. Parallel dazu kamen Mitteilungen, dass Absolute Capital eine weitere meldepflichtige Kursschwelle (etwa 15 Prozent, 10 Prozent, 5 Prozent und 3 Prozent) unterschritten hatte.

Solche spektakulären Beispiele wiederholen sich im Börsengeschehen in schöner Regelmäßigkeit. Vielen Börsianern ist noch der unfreiwillige Abgang des Starmanagers Kurt Ochner bei der deutschen Niederlassung des schweizerischen Bankhauses Julius Bär in Erinnerung.

Abbildung 35: Entwicklung der Aktie von Fortune Management

Source: Thomson Datastream

Auch hier sorgte der plötzliche Abgang für massive Verkäufe bei einzelnen Beteiligungen. Am auffälligsten geschah dies beim Unternehmen Caatoosee, einem bis dato als »Ochner-Lieblingsaktie« bekanntem Wert. Der in Abbildung 36 dokumentierte Absturz zeigt, dass Werte auch sehr schnell fallen können, wenn im Unternehmen wenig, beim Großaktionär aber viel passiert.
Für Sie heißt die Schlussfolgerung: Lieber mehrere kleine Finanzinvestoren unter den Aktionären als einen großen und dominierenden Investor. Sollte sich ein einzelner Fonds oder Finanzinvestor mit großen Stückzahlen in einen Wert, von dem auch Sie Anteile halten, eingekauft haben, ist es kein Nachteil, wenn Sie das Geschehen bei diesem Fonds zumindest grob verfolgen.

Abbildung 36: Entwicklung der Caatoosee-Aktie im Jahr 2001

Source: Thomson Datastream

Freie Aktionäre, also Privatanleger und kleine institutionelle Investoren, sind die unproblematischste Anlegergruppe. Unternehmen mit einem hundertprozentigen Free Float sind dementsprechend am ehesten vor negativen Überraschungen durch die Anleger geschützt.

Zusammenfassung: Empfehlungen für die Analyse der Eigentümerstruktur

- Der Blick auf die anderen Anteilseigner zeigt, wo das Unternehmen steht und wie es am Kapitalmarkt gesehen wird.
- Anleger lassen sich in vier Gruppen einteilen: Gründer samt Familien, Strategen, Finanzinvestoren und freie Aktionäre.
- Gründer arbeiten langfristig zum Wohle des Unternehmens, halten freie Aktionäre aber auch gerne kurz. Dazu kommt das Risiko des Ausstiegs.
- Strategen sind potenziell Interessenkonflikten ausgesetzt, aber auch mögliche Aufkäufer.
- Finanzinvestoren haben die gleichen Interessen wie Sie, können aber auch zur Kursgefahr werden, etwa bei Mittelrückflüssen.
- Freie Aktionäre sind am unproblematischsten, aber auch schwer zu greifen.

7.3.2 Die Performance der Konkurrenten

In den wenigstens Fällen sind Sie als Anteilseigner in der Situation, dass »Ihr« Unternehmen – mit den entsprechenden Margen – auf seinem Absatzmarkt als Monopolist agiert. In der Regel muss jeden Tag um Umsätze und Margen hart gekämpft werden. Oftmals sind die direkten Konkurrenten ebenfalls börsennotiert. Das ist für Sie als Anteilseigner eine hervorragende Informationsquelle, die Sie gleich in mehrfacher Hinsicht nutzen können und sollen. Wenn es Ihnen gelingt, unternehmensspezifische Ereignisse von branchenweiten Ereignissen abzugrenzen, können Sie aus dem Geschehen bei den Konkurrenten mitunter sehr nützliche Erkenntnisse für Ihr Unternehmen gewinnen: Leidet etwa der Konkurrent unter teuren Einkaufspreisen, so kann das bald auch bei Ihrem Wert passieren. Wird ein Wettbewerber übernommen, steigen auch die Chancen, selbst ins Visier zu geraten. Interessieren sich internationale Großinvestoren für den Wettbewerber, werden sie vielleicht über kurz oder lang auf Ihre Aktie aufmerksam. Gewinnt der Konkurrent Marktanteile, muss sie ein anderes Unternehmen verloren haben.

Bevor Sie anfangen, sich mit der Bewertung der Performance verschiedener Konkurrenten zu beschäftigen, gilt es, sich ein objektives Bild der Wettbewerber und Vergleichsunternehmen – die im operativen Geschäft nicht zwingend in Konkurrenz treten müssen – zu machen. Bei manchen Branchen mit nahezu ausschließlich Großkonzernen (Automobil, Banken oder Airlines) ist es vergleichsweise einfach, bei Nischenunternehmen im Softwaresektor oder spezialisierten Maschinenbauern hingegen schwieriger. Hilfreich sind Marktstudien, Ausführungen in Quartals- und Geschäftsberichten oder auch Analystenstudien.

Haben Sie einige Vergleichsunternehmen eruiert, die im Idealfall auch eine ähnliche Größe und regionale Ausrichtung aufweisen, dann ist es durchaus sinnvoll, die Entwicklung dieser Werte kontinuierlich zu beobachten. Das betrifft sowohl die operative Entwicklung als auch den Aktienkursverlauf.

Wann immer eines der beobachteten Unternehmen etwas kommuniziert, das nicht auf die Firma allein bezogen ist, sollten Sie aufmerksam werden: Typische Beispiele sind etwa eine Verteuerung von wichtigen Rohstoffen und Vorprodukten, Engpässe bei der Gewinnung von qualifiziertem Personal, Änderungen im regulatorischen Umfeld oder schlichtweg ein als marktbedingt ausgewiesener Absatz- und Umsatzeinbruch. In solchen Fällen gilt es stets zu prüfen, ob es tatsächlich eine branchenweite Problematik ist, der Sie sich stellen müssen, oder ob der Konkurrent hauseigene Probleme zu Unrecht auf den Markt schiebt.

Konkurrenten taugen zudem hervorragend als Vergleichsmuster. Wenn die Wettbewerber bessere Margen erzielen, stärker wachsen oder mehr Aufmerksamkeit am Kapitalmarkt erhalten, können Sie durchaus die Frage stellen, wieso Ihr Wert »hinterherhinkt«. All das ist nicht nachteilig, solange es eine Perspektive gibt, die Lücke wieder zu schließen.

Überhaupt ist dieses »Aufschließen« eine ausgesprochen spannende und potenziell lukrative Sache. Denn nicht nur im operativen Geschäft, sondern auch auf dem Kapitalmarkt gilt zwischen einzelnen Vergleichsunternehmen oftmals der Herdentrieb. Haussieren zwei oder drei Automobilkonzerne, so ist die Chance beträchtlich, dass sich bald ein dritter oder vierter Branchenvertreter in diesen Aufschwung hinzugesellt. Das hat oft sehr banale Gründe: Analysten bewerten den »fairen« Kurs einer Aktie ja gerne mithilfe der Werte der Konkurrenten und Vergleichswerte. Steigen diese, wird der ausgewiesene »faire Wert« fast schon zwangsläufig erhöht.

Häufig setzen Fondsmanager, die mit einem Wert sehr gute Erfahrungen gemacht haben, im nächsten Schritt auf einen weiteren ähnlichen Vertreter aus diesem Segment. Hier gilt die Faustregel, dass die kleineren Werte den größeren Konkurrenten hinterherlaufen. Ein Beispiel hierfür sehen Sie in Abbildung 37: Die dargestellten Aktien gehören zu den Unternehmen, die im deutschen Markt für Werkzeugmacher die Nummer eins und zwei sind. Dieser Markt durchlebte zuletzt einen gewaltigen Boom, entsprechend zogen die Aktien an. Hierbei lief der größere, bekanntere und an der Börse liquidere Wert Gildemeister der Nummer zwei, Hermle, praktisch immer voraus.

Was für das Interesse von Großinvestoren gilt, passt vor allem bei möglichen Übernahmeofferten (siehe auch Kapitel 7.3.3): Steigt das

Abbildung 37: Entwicklung der Aktien von Gildemeister und Hermle im Vergleich

Source: Thomson Datastream

Interesse an einem Branchenvertreter, dann erhöht sich fast immer für andere Konkurrenten die Chance, der Nächste auf der Liste der Aufkäufer zu sein. Insbesondere in bereits weit konsolidierten Märkten, in denen es nicht mehr viele Ziele gibt, ergibt dies fast eine logische Kettenreaktion.

Beispielhaft ist da sicher der europäische Bankenmarkt in den vergangenen Jahren. Wann immer es einen größeren grenzüberschreitenden Unternehmenszusammenschluss gab, wurde darüber spekuliert, wer als Nächstes gekauft werden könnte. Entsprechend zogen die Kurse bei den potenziellen Zielkandidaten an.

Zusammenfassung: Empfehlungen für die Analyse von Konkurrenzunternehmen

- Konkurrenten und Vergleichsunternehmen sind im Idealfall wie das Spiegelbild eines Unternehmens, entsprechend wertvoll sind die Hinweise, die sie für Geschäft und Kursverlauf bieten.
- Die Feststellung, wer ein Wettbewerber oder zumindest ein vergleichbares Unternehmen ist, kann schwierig sein.
- Sind Vergleichswerte identifiziert, taugen nahezu alle nicht unternehmensspezifischen Meldungen und Ereignisse. Entsprechend aufmerksam sollten sie verfolgt werden.
- Erfolgreiche Konkurrenten zeigen den Weg und das Potenzial, das Sie von »Ihrem« Wert erwarten können.
- Auch auf dem Chart gibt es oft parallele, zeitversetzte Entwicklungen. Hierbei folgt zumeist der kleine dem großen Wert.
- Konkurrenten können ebenfalls gute Indikationen bieten, ob in der Branche zusätzliche Fantasie durch mögliche Aufkäufer entsteht.

7.3.3 Übernahmefantasie

Übernahmefantasien werden oft als das Salz in der Suppe bei Börsenspekulationen gesehen. Besonders die Aussicht, dass ein Wert aus dem eigenen Depot ins Visier eines potenziellen Aufkäufers geraten kann, kann Anleger verzücken. Vollkommen zu Recht, ist doch praktisch jede Übernahme mit einem deutlichen Aufpreis gegenüber den zuvor gehandelten Preisen verbunden.

Doch eine Investition sollte nicht einzig mit dem Ziel oder aufgrund der Perspektive einer späteren Übernahme des Unternehmens durch einen Dritten getätigt werden. Richtig hingegen ist es, bei jedem Depotkandidaten zu prüfen, ob zu einer interessanten Perspektive noch ein Schuss Übernahmefantasie kommt. Dies kann dann das Zünglein an der Waage für Ihre Entscheidung zum Einstieg werden oder auch eine bereits erfolgte Auswahl bekräftigen.

Ein weiterer Punkt, der eine Übernahme begünstigt, ist eine ausgesprochen günstige Bewertung der Aktie. Wie bei allen anderen Akteuren im Aktienmarkt ist auch für mögliche Aufkäufer der Preis eine wichtige Determinante. Wenn bei Übernahmezielen von »günstig« die Rede ist, würde ich beim Preisansatz vor allem auf die Relation von Börsenwert zum Buchwert bzw. zur Substanz (insbesondere Kassenbestände) und auf die Relation zu den Cashflows achten. Viele Aufkäufer müssen den Deal später aus dem übernommenen Unternehmen heraus finanzieren. Dementsprechend kommen bereits vorher hoch verschuldete Konzerne für potenzielle Übernahmeofferten weniger in Frage.

Zudem gilt es, das Branchenumfeld zu sondieren. Stammt das Unternehmen aus einer Branche, in der momentan eine größere Konsolidierungswelle stattfindet? Wenn ja, dann steigen die Chancen, dass auch »Ihr« Unternehmen über kurz oder lang in den Blickwinkel eines Aufkäufers gerät. Besonders in bereits stark konsolidierten Märkten finden oft Kettenreaktionen statt: A kauft B, deshalb muss C, um nicht an Marktrelevanz zu verlieren, nach D Ausschau halten.

Es gilt die Regel, dass größere Unternehmen kleinere Konkurrenten kaufen und dass hoch bewertete Firmen bei niedriger gepreisten Unternehmen zugreifen. Somit bieten Marktführer, die keinen größeren Konkurrenten haben, weniger Übernahmefantasie.

Mitunter kann eine Firma auch dann in den Genuss einer Übernahmeofferte kommen, wenn zwar weder Konkurrent noch Finanzinvestor, aber ein Vertreter aus einer »nahen« Branche sein Geschäft etwas diversifizieren will. Die Übernahme der Dresdner Bank durch die Allianz oder der Kauf des Finanzdienstleisters AWD durch den

Swiss-Life-Konzern gehören in diese Kategorie. Ähnlich verhält es sich mit grenzüberschreitenden Übernahmen, etwa dem Kauf der HypoVereinsbank durch die italienische Bank Unicredit. Bei solchen Offerten können auch vergleichsweise große Branchenvertreter ins Visier der Aufkäufer geraten.

Bei Übernahmen gilt im Wesentlichen »Buy on rumours, sell on facts«. Spätestens wenn tatsächlich eine Übernahmeofferte im Raum steht, sollte der Ausstieg ernsthaft erwogen werden. Es gibt zwar Aktionärsgruppen, die darauf spezialisiert sind, solche Offerten anzufechten und noch höhere Abfindungen herauszuschlagen, doch handelt es sich hierbei um ein juristisches Spezialgebiet, das nicht jedermanns Sache ist.

Zusammenfassung: Empfehlungen für die Ausnutzung von Übernahmefantasien

- Es ist nicht opportun, eine Aktie nur wegen der Hoffnung auf eine mögliche Übernahmeofferte zu kaufen. Es ist aber vollkommen berechtigt, bei jedem Kauf auch die Chancen auf solch eine Offerte abzuklopfen.

- Niedrig bewertete Firmen mit hohen Cashflows kommen häufig in Frage, hoch verschuldete Firmen sowie Unternehmen mit größeren operativen Problemen weniger.

- Besonders bei der Spekulation auf Übernahmen durch einen strategischen Käufer gilt: »Small is beautiful«. Die Nummer eins oder zwei einer Branche geraten eher selten ins Visier, wohl aber kleinere Unternehmen.

- Übernahmespekulationen enden für den normalen Anleger mit der Übernahmeofferte. Nur wer ein Faible dafür hat und sehr viel Geduld, wettet langfristig auf eine Erhöhung der Offerte.

8 Timing

Wenn Sie nach allen genannten Parametern (Bewertung, Nachrichtenfluss, Solidität etc.) zu dem Schluss gekommen sind, dass Sie eine bestimmte Aktie kaufen möchten, dann stehen Sie vor der Aufgabe, zusätzliche Rendite durch einen gut gewählten Einstiegszeitpunkt zu erzielen. Ebenso müssen Sie von Anfang an Ausstiegsszenarien im Kopf haben.

8.1 Timing im Kauf

Einem alten Börsianersprichwort nach liegt der Gewinn im günstigen Einkauf. In der Tat ist es für den späteren Erfolg einer Transaktion wichtig, nicht nur die interessantesten Werte herauszufiltern, sondern auch zu versuchen, die Aktien zu einem möglichst günstigen Preis zu erhalten.

Es ist also geboten, sich vorher über zwei Dimensionen beim Kauf grundlegende Gedanken zu machen: einen interessanten, aber realistischerweise zu erreichenden Einstiegskurs sowie den Faktor Zeit. Wenn sich Investoren darüber bewusst sind, wie viel sie maximal für einen Dividendenwert aufwenden wollen, und wissen, wie schnell der Wert ins Portfolio gelangen soll, dann können sie sich an die Feinjustierung des Einstiegs machen.

8.1.1 Sinn von Staffelkäufen

Das theoretische Ideal sieht so aus, dass Aktien zum Tiefpunkt gekauft werden und auf dem Höchstkurs wieder abgestoßen werden. Mit der Realität auf dem Börsenparkett hat diese Vorstellung aber wenig zu tun. Sie werden es niemals schaffen, diese Extrempunkte zuverlässig zu treffen. Andere Anleger auch nicht, wenn das ein Trost für Sie ist. Gleichwohl lässt sich der Einstieg mit einigen simplen Mechanismen optimieren. Neben der im Kapitel eingangs genannten fortwährenden Beobachtung von Markt und Chart halte ich den Nutzen von Staffelkäufen für eine überaus sinnvolle Maßnahme. Dabei gilt es zwei Methoden zu unterscheiden: das »Verbilligen« und das »Verteuern« (»Pyramiding«). Beim Verbilligen kaufen Sie bei fallenden Kursen sukzessive hinzu und verringern somit nach und nach ihren durchschnittlichen Einstiegkurs, nie aber die absoluten Buchverluste, die bis dato aufgelaufen sind. »Pyramiding« ist ein Begriff, der eher in die Welt der Trader als in den Kosmos der Investoren einzuordnen ist. Beim »Pyramiding« werden aufgelaufene Buchgewinne genutzt, um weitere Engagements (via Beleihung) zu finanzieren. Verteuern heißt generell in steigende Kurse hinein zu kaufen, wodurch sich der durchschnittliche Einstand erhöht.

Vor allem das Verbilligen halte ich für einen probaten Weg, den Einkauf zu optimieren, wobei es eine Grundregel gibt, die niemals verletzt werden darf: Vor dem ersten Kauf wird festgelegt, wann, wie viel und bei welchem Kurs Sie hinzukaufen. Konkret sieht das wie folgt aus: Sie entscheiden sich, für 10.000 Euro Aktien der Deutschen Telekom zu kaufen, die zum Entscheidungszeitpunkt bei 13,50 Euro steht. Sie sind überzeugt von den positiven Aussichten, sehen aber, dass der Wert seit einigen Monaten zwischen 12,50 Euro und 14 Euro schwankt. Sie entscheiden sich für einen Staffelkauf. Sie erwerben 370 Aktien zu 13,50 Euro und legen sich für weitere 400 Aktien bei der technischen Unterstützung bei 12,50 Euro auf die Lauer. Dadurch sind Sie sicher bei der erhofften Rally dabei, schaffen es aber durch den Staffelkauf, Ihren Einstand auf 12,98 Euro zu drücken (Transaktionskosten nicht beachtet).

Abbildung 38: Entwicklung der Aktie der Deutschen Telekom

Vor jedem Staffelkauf liegt die Einsicht, dass sich kurzfristige Schwankungen nur ungenau abschätzen lassen. Trader sind in dieser Disziplin überlegen, Investoren sollten hier nicht versuchen, sich in fremdem Terrain zu profilieren.

8.1.2 Limits in den Markt legen

Bei Staffelkäufen machen Sie sich die Flexibilität zunutze, die Banken und Brokern den Privatanlegern bieten. Praktisch jede Bank bietet Anlegern eine kostenlose Ordervergabe an, Gebühren fallen nur beim tatsächlich ausgeführten Kauf oder Verkauf an.

Nutzen Sie diesen Service. Es gibt keinen Grund für mittel- bis langfristig ausgerichtete Investoren, Aktien schnellmöglich um jeden Preis (sprich »billigst«) zu erwerben. Aktienkurse schwanken und es gibt keinen Anlass, warum Sie diese Schwankungen nicht für sich nutzen sollten. Egal, ob Sie mit einem Staffellimit agieren oder eine komplette Position kaufen: Es ist in den meisten Fällen sinnvoll, Kauflimits knapp unter die aktuellen Kurse zu positionieren. Das Risiko, dass eine Aktie davonläuft, kann in nahezu allen Fällen eingegangen werden.

8.2 Timing im Verkauf

Der Verkauf ist die schwierigere Handlung aus Sicht der Investoren. Anleger, gleich ob privat oder institutionell, machen hier oftmals dieselben Fehler: Sie realisieren Verluste zu spät und Gewinne zu früh. Die Ursache für dieses irrationale Verhalten ist – wie bei vielen Fehlern auf dem Parkett – in der Psyche der Anleger zu finden. Positive Entwicklungen, also der Kursanstieg der gekauften Aktien, werden entzückt wahrgenommen und gesichert. Gewinne, die realisiert werden, kann einem niemand mehr nehmen. Folglich wird überhastet der Ausstieg gesucht. Statt auf die weiteren Perspektiven der Aktien zu schauen, rückt der Anleger sein individuelles »Belohnungssystem« in den Mittelpunkt des Handelns.

Gegenteilig, aber nicht minder verheerend, ist das Verhalten bei negativen Kursverläufen. Weil der Anleger in seinem Unterbewusstsein auf Erfolgserlebnisse aus ist, wird der Kursverlauf gerne schöngeredet bzw. die Entwicklung relativiert oder ignoriert. Ein Verkauf mit der Realisierung eines Verlusts hat naturgemäß etwas Endgültiges. Mit diesem Verkauf wird untermauert, dass der Anleger eine Fehlinvestition getätigt hat. Statt dieses anzuerkennen, wird das Prinzip Hoffnung gelebt, mit zuweilen teuren Konsequenzen. Schnell wird vergessen: Eine Aktie, die um 50 Prozent gefallen ist, kann durchaus um weitere 50 Prozent fallen und dann abermals einbrechen.
Ob im Guten wie im Schlechten: Der Verkauf ist immer schwierig und muss deshalb umso konsequenter gemanagt werden.

8.2.1 Aktiver Verkauf

Um es kurz zu machen: Es gib keine Universalregel für einen erfolgreichen Verkauf; wichtig ist nur die Konsequenz. Verluste gehören begrenzt und Gewinne sollte man laufen lassen. Bei der Reißleine, also dem Einschränken von Vermögensverlusten, ist es Geschmackssache, ob Sie dies über Stop-Loss-Marken oder aktive Verkäufe bewerkstelligen, wichtig ist nur, dass Sie es machen.

Der aktive Verkauf bei fallenden Kursen ist, wie dargestellt, eine Herausforderung für die Anlegerpsyche. Doch es spricht nichts dagegen, sich dieser Aufgabe zu stellen. Wichtig ist: Sie legen noch vor dem Kauf fest, welches rechnerische Risiko Sie eingehen wollen. Wenn Sie etwa 10.000 Euro in Aktien der Deutschen Telekom zu 12,50 Euro investieren und der Auffassung sind, dass Sie von diesem Kapital – was auch immer passiert – 8.000 Euro wiederhaben wollen, müssen Sie sich konsequent von dem Wert trennen, wenn der Kurs auf 10 Euro gefallen ist. Ihr Maximalrisiko wurde dann ausgereizt.

Idealerweise variieren Sie diese »Schmerzgrenzen«. Hier hilft Ihnen die Charttechnik. Verkäufe sollten beispielsweise knapp unterhalb wichtiger Unterstützungslinien durchgeführt werden. Wichtig bleibt: Aussitzen hat im Portfolio keine Berechtigung.

Wesentlich angenehmer – aber auch weniger eindeutig – sind die Vorgehensweisen beim Realisieren von Gewinnen. Hier gilt grundsätzlich: Nicht zu früh verkaufen. Ich halte es für falsch, vorab Kursziele festzulegen, weil das Handeln dadurch zu schematisch wird. Wenn eine Aktie über eine längere Periode kontinuierlich steigt, gibt es außer dem Gefühl der persönlichen Belohnung keinen Anlass, die Party zu verlassen. Oft zieht die Dynamik neue Anlegerschichten an. Auch auf die Gefahr hin, den Zenit zu verpassen, ist es sinnvoller, erst nach einer erneuten Trendwende gen Süden den Ausstieg zu suchen.

Eine angemessene Vorgehensweise, bei der Sie auch Ihre Psyche erfreuen und dennoch am weiteren Aufschwung partizipieren, sind

Teilverkäufe. Hier sollten Sie nur darauf achten, dass Sie nicht übertreiben und die Positionen durch mehrfache Teilverkäufe zu klein werden lassen. Die Alternative sind stetig angepasste Stop-Loss-Limits.

8.2.2 Stop Loss

»Er hat ein Halsband aus Schokolade. Aber keine Leine. Er hat ein ziemlich dickes Fell und kurze Beine. Er geht niemals Gassi, er schläft, wo er frisst. Dort scheißt er auf alles, was anstrengend ist. Die Sonne lacht ihm aus dem Schlund. Er wuchert mit jedem Pfund – mein innerer Schweinehund.« (Annett Louisan)

Die größten Waffen, die Ihnen auf dem Weg zum optimalen Portfolio zur Verfügung stehen, finden Sie in Ihrem tiefsten Inneren: Ihr Verstand, Mut und Wille sind starke Verbündete. Leider lauern im tiefsten Inneren auch größere Gefahren für Ihr Depot. Emotionen etwa sind generell ein problematischer Einflussfaktor im Depotmanagement. Versuchen Sie konsequent, diesen »inneren Schweinehund« zu überwinden, vor allem beim Verkauf von Aktien. Stop-Loss-Marken helfen hierbei.

Bei einem Stop Loss, also dem automatisierten Verkauf beim Unterschreiten einer von Ihnen festgelegten Kursmarke, die naturgemäß unterhalb des aktuellen Kurses liegt, laufen Sie nicht Gefahr, im entscheidenden Moment zu zaudern. Sie können zudem entspannter agieren, da Sie Ihr Depot weniger oft beobachten müssen.

Gleichwohl haben auch Stop-Loss-Limits gravierende Nachteile: So verkaufen Sie zum nächsten Kurs nach dem Erreichen der festgelegten Marke. Dieser Kurs kann, besonders bei marktengen Aktien, ein gutes Stück unter Ihrer Marke liegen. Zudem liegt in der Konsequenz die Gefahr, dass Sie temporäre Ausrutscher nach unten mit einer Trendwende »verwechseln« und bei Zwischentiefs verkaufen. Um diese Gefahr zu glätten, können Sie eine Mischung aus aktivem

Management und Stop Loss wählen: Sie stellen sich eine Art Alarmsystem zusammen, bei dem Sie informiert werden, wenn auf Schlusskursbasis der Stop Loss unterschritten ist und verkaufen dann am nächsten Tag. So sind Sie zumindest von Schwankungen innerhalb eines Tages nicht betroffen.

9

Zehn goldene Regeln des Stock Picking

1. Kaufen Sie nur, was Sie verstehen.

Als Anleger müssen Sie den Markt und Ihr Depot beherrschen und nicht umgekehrt. Die wichtigste Grundlage, um Ihr Depot zu beherrschen, ist ein solides Wissen über Ihre Depotbestandteile. An dieser Grundlage führt kein Weg vorbei. Machen Sie einen einfachen Test: Überlegen Sie, ob Sie zu jeder Ihrer Aktien (und dem dahinterstehenden Unternehmen) einem guten Freund eine kurze und prägnante Auskunft geben können. Fällt es Ihnen schwer zu erklären, was der Geschäftsansatz des Unternehmens ist, besteht die Gefahr, dass Ihr Wissen auch für den Handel mit der entsprechenden Aktie zu gering ist.

Es geht nicht um eine bis ins kleinste Detail ausgereifte Kenntnis, welche chemischen oder physikalischen Prozesse ein Technologiekonzern besser beherrscht als seine Konkurrenten; bei solch einem Fachwissen sind zweifelsohne jedem Laien Grenzen gesetzt. Unumgänglich ist jedoch ein gewisses Gefühl dafür, welche Faktoren auf den Geschäftserfolg und damit auf den Aktienkurs einwirken. Denn nur so können Sie konsequent handeln. Wenn beispielsweise der Gesetzgeber beschließt, Biogas zu fördern und gleichzeitig bei Biodiesel die Subventionen streicht, reicht es nicht zu wissen, dass eine Firma »irgendwas mit Umwelt« zu tun hat.

Es gehört zu den angenehmen Seiten der Börse, dass man täglich dazulernt. Eine »Unwissenheit« über einzelne Firmen oder Branchen lässt sich natürlich zumeist beheben. So konnte vor zwanzig Jahren kaum ein Anleger mit den Sektoren Internet, Nano- oder Solartechnologie etwas anfangen, was sich in den vergangenen Jahren spürbar geändert hat. Das Spektrum an Werten, mit denen man sich auskennt, lässt sich kontinuierlich erweitern. Dabei ist zu empfehlen, sich erst einen neuen Bereich detailliert anzuschauen und dann eine Investition zu wagen.

2. Behalten Sie den Überblick.

Bleiben Sie jederzeit Herr Ihres Depots, indem Sie sich nicht verzetteln, sprich zu viele Positionen kaufen. Es ist zwar auf der einen Seite unabdingbar, dass Sie Risiken streuen und nicht alles auf wenige Pferde setzen, doch kann auch das gegenteilige Extrem, zu viele Einzelwerte im Depot, gefährlich sein.

So haben stark diversifizierte Depots nach meiner Einschätzung vier wesentliche Nachteile:

1. Sie sind nicht kostenoptimiert, weil mit jedem Kauf oder Verkauf Fixkosten verbunden sind und zudem die Anzahl der Transaktionen deutlich anzieht. Bei einem Portfolio mit fünfzig Werten haben Sie fünfzig Mal Spesen für den jeweiligen Kauf gezahlt und müssen beim Verkauf nochmals Gebühren berücksichtigen.

2. Sie streuen nicht nur die Risiken, sondern auch die Chancen. Ein Depot mit fünfzig verschiedenen Werten würde bei einer Gleichgewichtung zu einem jeweiligen Depotanteil von jeweils 2 Prozent führen. Sollte sich eine der Positionen im Wert verdreifachen, würde das im Gesamtdepot gerade einen Zuwachs um 4 Prozent ausmachen. Bei einem Depot mit zehn identisch gewichteten Werten sorgt eine Verdreifachung immerhin für einen Zuwachs von 20 Prozent auf Gesamtdepotebene (alles ceteris paribus).

3. Es ist davon auszugehen, dass die Ideen irgendwann schlechter werden. Sicher schaffen es auch »nebenberufliche« Anleger regelmäßig, mehrere interessante Werte aufzuspüren. Ab dem zwanzigsten Wert darf aber zumindest hinterfragt werden, ob immer noch ein sehr gutes Chance-/Risiko-Verhältnis vorliegt.

4. Sie verlieren den Überblick. Insbesondere wenn Sie das Depot in der Freizeit managen, werden Sie früher oder später an der Komplexität Ihres Depots »ersticken«. Ein Depot sollte nur so viele Werte enthalten, dass der Investor bei allen Titeln die Entwicklung aufmerksam verfolgen kann und gleichzeitig noch Luft hat, neue Investmentideen zu entwickeln.

Es gibt in diesem Spannungsverhältnis (extrem wenige Werte führen zu einem hohen Klumpenrisiko; sehr viele Werte zu Ineffizienz) sicher keine optimale Zahl von Depotwerten, weil jeder Anleger unterschiedlich viel Aufwand leisten kann und auch die Risikosensibilitäten variieren. Die meisten Anleger sind mit acht bis fünfzehn Depotwerten recht gut aufgestellt.

3. Variieren Sie Ihre Investitionsquote.

Es ist ein Trugschluss anzunehmen, dass Sie mit gezieltem Stock Picking den Einflüssen des Gesamtmarkts entfliehen können. Sie werden in Hausse-Phasen immer angenehmen Rückenwind durch den Gesamtmarkt erfahren und bekommen in baissierenden Märkten die unangenehme Seite des Markteinflusses mit. Das ist alles anderes als tragisch, Sie sollten sich nur darauf einstellen.

Konkret heißt das: In Aufschwungphasen wie 1999 darf der Aktienanteil im gesamten Vermögen einige Prozentpunkte höher liegen, während in Jahren, in denen einfach gar nichts läuft – 2002 war so ein Beispiel – Abstinenz geboten sein kann.

Bedenken Sie aber: Teilweise wird die Über- bzw. Untergewichtung bereits durch Wertänderungen erreicht. Steigen die Kurse, gewinnen die Aktienpositionen an Wert und der Depotanteil erhöht sich, weil andere Bestandteile wie Anleihen oder Cash sich weniger im Wert ändern.

In der Baisse nimmt Ihnen der Markt ebenfalls zum Teil die Arbeit ab: Der Wertverlust senkt den Aktienanteil im Depot auch ohne den aktiven Verkauf einzelner Positionen. Dazu kommt in der Abwärtsbewegung das Greifen von Stopps, so dass hier nicht mehr viel getan werden muss.

4. Arbeiten Sie mit Verlustbegrenzungen.

Vereinzelte Verluste beim Aktienkauf sind unangenehm. Sie kommen jedoch ebenso in steter Regelmäßigkeit vor und sind grundsätzlich harmlos, solange alles im begrenzten Rahmen bleibt. Und daran müssen Sie aktiv ansetzen. Es ist illusorisch anzunehmen, dass sich verhindern lässt, auf falsche Pferde zu setzen. Es ist aber zu 100 Prozent möglich und nötig, Verluste auf ein vernünftiges Maß zu begrenzen.

Verinnerlichen Sie, wie teuer schwer aufholbare Einbußen sind. Haben Sie 10 Prozent Ihres Einsatzes verloren, brauchen Sie eine Rendite von etwas mehr als 11 Prozent, um am Ende des Tages wieder auf null zu kommen. Haben Sie einen Verlust von 20 Prozent erlitten, brauchen Sie bereits eine stattliche Rendite von 25 Prozent zur Wertaufholung. Bei einem Minus von einem Drittel müssen Sie, um wieder auf null zu kommen, eine satte Performance von 50 Prozent zum Ausgleich erreichen. Haben Sie einen Verlust von 50 Prozent verbucht, müssen Sie anschließend die Rendite verdoppeln. Bei einem Minus von 90 Prozent stoßen Sie wohl endgültig an die Grenze des Machbaren: Um die Ausgangslage Ihres Vermögens nach solch einem Einbruch wiederherzustellen, brauchen Sie eine Traumrendite von 900 Prozent. Das ist, bei allem Ehrgeiz, jenseits der realistischen Möglichkeiten.

Arbeiten Sie also ausnahmslos mit Verlustbegrenzungen. Jedes Minus muss auf ein erträgliches Ausmaß beschränkt bleiben. Wie viel Risiko, im Sinne von maximal hinnehmbarem Verlust, Sie mit jeder Position eingehen, sollten Sie bei jedem Posten einzeln klären und individuell festlegen. Nach meiner Erfahrung liegt eine vertretbare Schmerzgrenze zumeist zwischen 20 und 30 Prozent.

Die technische Abwicklung ist sekundär. Manch ein Investor arbeitet lieber mit fest installierten Stopps, weil er es sich nicht zutraut, schmerzhafte Verluste aktiv zu realisieren. Andere bevorzugen den aktiven Verkauf, um so den Verkaufskurs noch zu optimieren. Am Ende des Tages ist der Ablauf Geschmackssache. Wichtig ist nicht das Wie, sondern das Ob.

5. Trennen Sie Glück von Geschick.

Um persönlichen Erfolg im Beruf, beim Sport oder auch in der Geldanlage zu haben, helfen Ihnen Fleiß, Geschick, Erfahrung, Know-how, Mut und natürlich auch Zufall und Glück. Leider lässt sich Glück nicht erlernen, trainieren oder erzwingen. Sie müssen damit klarkommen, dass das Glück ein unregelmäßiger und spontaner Besucher Ihres Depots bleibt und dass auch das Pech regelmäßig in Ihre Planungen hineinpfuscht.
Das ist alles nicht weiter schlimm; zumindest meiner Erfahrung nach ist das Leben von vielen Zufällen geprägt, die mal vorteilhaft sind, aber ungerecht sein können. Wichtig ist jedoch der richtige Umgang mit dem Faktor Glück im Portfoliomanagement.

Die psychologische Falle, in die Sie hineintappen können, ist schnell beschrieben: Erfolge, die schlichtweg als glücklicher Zufall eingetreten sind, werden als persönliche Leistung gewürdigt, während bei größeren Verlusten schnell das Pech als eigentliche Ursache des Einbruchs betrachtet wird. Beides mag kurzfristig die Nerven beruhigen, ist aber nicht zielführend, da falsche Rückschlüsse aus Erlebtem ein guter Nährboden für künftige Fehler sind.

Mein Rat: Rekapitulieren Sie regelmäßig, warum Sie eine Aktie gekauft haben und vergleichen Sie die tatsächliche Entwicklung – nicht nur am Kurs gemessen – mit Ihrem Investment-Ansatz. Haben Sie beispielsweise beim Kauf eines Pharmawerts auf eine im Branchenvergleich niedrige Bewertung gesetzt, auf eine mögliche Übernahme gewettet und genießen anschließend einen deutlichen Kursanstieg, weil für ein bestehendes Präparat des Konzerns neue Anwendungsgebiete entdeckt worden sind, dann sollten Sie sich eingestehen, dass Sie einfach Glück gehabt haben.
Ihre Methode, diesen Wert rauszusuchen, wurde im Nachhinein zwar nicht falsifiziert, aber auch nicht bestätigt. Es ist also falsch, nun statisch den nächsten ähnlich bewerteten Pharmakonzern zu kaufen, da der auslösende Faktor für die Kurssteigerung nicht bestätigt wurde.

6. Ein Aktienkauf ist kein Bund fürs Leben.

Ein Aktienengagement kann über viele Jahre anhalten, aber auch schon am selben Tag beendet werden. Es gibt keine optimale Haltedauer, wohl aber die Gefahr, mit der Zeit eine emotionale Bindung zu einer Aktie oder einem Unternehmen aufzubauen. Das ist nachvollziehbar, aber ein elementarer Fehler im Portfoliomanagement. Positive wie negative Gefühle sind vollkommen falsche Wegweiser. Behalten Sie eine kritische Distanz.

Es ist eine Gratwanderung zwischen berechtigter Anteilnahme am Unternehmensgeschehen und einer Verbundenheit, bei der man bestimmte Entwicklungen durch eine rosarote Brille sieht.

Sehen Sie eine Aktie genauso nüchtern wie einen Gebrauchsgegenstand im Haushalt. Sicherlich können Sie mit einer Kaffeemaschine auch über Jahre hinweg tollen Kaffee kochen, doch muss auch dieses Modell irgendwann einmal ausgetauscht werden, weil es kaputt ist oder weil mittlerweile wesentliche bessere Maschinen auf dem Markt sind.

7. Gewinne laufen lassen, Verluste begrenzen.

Dieser Grundsatz ist so alt wie das Börsengeschehen, er ist zahllosen Anlegern wohlbekannt und wird dennoch immer wieder aufs Neue massiv missachtet. Im institutionellen Bereich und im privaten Sektor werden immer wieder Gewinne viel zu schnell realisiert und Verlustpositionen zu spät oder gar nicht abgestoßen.

Die Ursache für diese wenig konsequente Handlungsweise ist in der Anlegerpsychologie (Behavioral Finance) zu finden. Anleger tun sich schwer damit, einen Verlust zu realisieren, weil sie nicht hinnehmen wollen, dass etwas Unangenehmes endgültig und unumkehrbar ist. Statt der Wahrheit ins Gesicht zu schauen, wird die Position verdrängt und es werden vermeintlich positive Signale überinterpretiert. Möglicherweise wird sogar nachgekauft. Das heißt im Normalfall, dass einer schlechten Idee noch gutes Geld hinterhergeworfen wird. Auch ein unnötig schneller Verkauf einer gut laufenden Position ist im Wesen des Anlegers begründet: Hier will der Anleger das vorübergehende Glücksgefühl sichern, indem er die aufgelaufenen Gewinne endgültig realisiert. Er tauscht die Möglichkeit, an weiter steigenden Kursen zu partizipieren, gegen die Sicherheit eines unumkehrbaren Erfolgs. Dass dieser Erfolg indes nur einen Bruchteil des erreichbaren Zugewinns darstellt, wird gerne übersehen.

Versuchen Sie, diesem psychologischen Dilemma zu entfliehen, indem Sie möglichst wenig Aufmerksamkeit auf die bisher erreichte Wertentwicklung richten. Rücken Sie vielmehr die weiteren Perspektiven der Aktie in den Mittelpunkt. Eine Aktie, die sich bereits um 50 Prozent im Wert erhöht hat, kann natürlich noch weitere 50 Prozent zulegen, was einer Gesamtrendite von 125 Prozent entspräche. Noch wichtiger: Ein Anteilschein, der bereits 50 Prozent an Wert verloren hat, kann sich ebenso problemlos ein weiteres Mal halbieren.

8. Sammeln Sie Erfahrungen, doch blicken Sie nach vorne.

Aus Erfahrungen im Allgemeinen und Fehlern im Speziellen zu lernen ist ebenso einfach wie wichtig. Doch ganz so einfach ist eine konstruktive Umsetzung der Erfahrungen für die weitere Zukunft nicht. Groß ist die Versuchung, aufgrund der Erlebnisse in grenzenlosen Optimismus oder Pessimismus zu verfallen. Beides ist ausgesprochen destruktiv und überflüssig.

Verluste passieren und sind nur dann schlimm, wenn es im Vermögen keine Reserven gibt – dann hätten Sie jedoch niemals Aktien kaufen dürfen. Ansonsten sollten Sie sich fragen, was Sie hätten anders machen können. Rekapitulieren Sie, ob Sie bei der Aktienauswahl etwas Wichtiges übersehen haben und schauen Sie schnell und konsequent nach vorne.

Was ein Anleger überhaupt nicht gebrauchen kann ist Missmut und Frustration. Hadern Sie nicht mit Fehlschlägen, die Sie erleiden. Ob erlittene Verluste oder entgangene Gewinne – solche Entwicklungen gibt es immer wieder, sie dürfen aber nicht demotivieren. Reduzieren Sie die Rückbetrachtung vergangener Transaktionen ausschließlich auf die getroffenen Entscheidungen und die zuvor eingeholten Fakten. Wenn Sie feststellen, dass Sie etwas übersehen haben, was Sie hätten sehen können, dann nehmen Sie diese Lehre mit, nicht jedoch den Frust über den eigenen Fehler. Auf gar keinen Fall sollte eine unerfreuliche Entwicklung Sie dazu verleiten, Ihr Risikoprofil hin zu mehr Leichtsinn zu ändern.

9. Arbeiten Sie gleichermaßen individuell wie professionell.

Ich habe im Laufe meines Berufslebens eine mindestens dreistellige Zahl von Investoren kennen gelernt, die auf die verschiedenste Art und Weise erfolgreich auf dem Börsenparkett spekulieren. Puristische Fundamentalanalysten waren ebenso darunter wie rein technisch versierte Marktteilnehmer. Manager von eigenen Depots ebenso wie angestellte Verwalter, die das Vermögen Dritter mehrten. Trader mit sehr kurzen Handelszyklen und Langfristanleger, denen eine Haltedauer von weniger als einigen Jahren zutiefst suspekt ist. Sicher führt an der Börse nicht jeder Weg zum Erfolg, doch gibt es etliche erfolgversprechende Vorgehensweisen.

Was allen verschiedenen »Arten« der Investoren gemein ist, ist ihre Authentizität. Jeder weiß, dass er nicht alle Methoden beherrschen kann und dass jede Vorgehensweise ihre Stärken, aber auch Schwächen hat. Es gibt nicht den richtigen oder »goldenen« Weg, sondern viele sinnvolle Vorgehensweisen.

Finden Sie Ihren Weg in der Aktienanlage. Er kann und wird niemals vollkommen deckungsgleich mit der Vorgehensweise anderer Marktteilnehmer sein. Natürlich gibt es sehr erfolgreiche Investoren wie etwa Warren Buffett, deren Methoden sich zum Vorbild eignen, doch sollte dabei niemals die eigene Risikoneigung, das eigene Budget an Zeit und Wissen und die individuelle Vermögenslage außer Acht gelassen werden.

10. Der Markt hat immer recht.

Diese Leitlinie ist für mich der wichtigste Grundsatz überhaupt. Es gibt auf dem Börsenparkett exakt einen, der ausnahmslos immer recht hat: der Markt als die Summe der Entscheidungen aller Teilnehmer. Sie können noch so überzeugt sein, dass eine bestimmte Aktie unterbewertet ist, sie wird nur dann steigen, wenn mehr Investoren auf der Käufer-, denn auf der Verkäuferseite aktiv sind.

Es ist, sofern Sie nicht über ein sehr umfangreiches Vermögen verfügen, für die Kursentwicklung vollkommen irrelevant, was Sie über eine Aktie denken. Sie können noch so überzeugt sein, dass eine Aktie unterbewertet ist, solange sonst niemand so denkt, wird der Titel kaum anziehen. Sollte das Gros der Anleger, vor allem Bestandsaktionäre, überzeugt sein, dass dieser Wert auf dem derzeitigen

Niveau uninteressant ist, werden entsprechende Verkäufe den Preis drücken. Das werden Sie nicht ändern können.

Natürlich soll sich kein seriös geführtes Portfolio komplett nach kurzfristigen Trends richten – Sie haben ja auch nicht nur Regenkleidung im Schrank –, doch sollten längere und stärkere Trends nicht nur zur Kenntnis genommen, sondern auch in die Strategie eingebunden werden. Ohne mit dem Markt zusammen zu agieren, werden Sie keinen Erfolg haben. Wenn Sie hingegen mit dem Markt agieren, haben Sie den mächtigsten Verbündeten, den es an der Börse gibt.

Schlusswort

Zum Zeitpunkt der Fertigstellung dieses Buches durchliefen wir eine bemerkenswert schwache Börsenphase. Im Januar 2008 büßten praktisch alle relevanten Indizes prozentual zweistellig an Wert ein. Das ist an sich schon bemerkenswert; in Anbetracht der üblichen Saisonalität, wonach der erste Monat des Jahres üblicherweise eine gute Marktentwicklung mit sich bringt, scheint die Entwicklung regelrecht erschreckend, auch wenn zum Monatsende eine Stabilisierung einsetzte.

So oder so ist klar, dass die Anlage in Aktien in den kommenden Jahren schwieriger und anspruchsvoller als im vorherigen, fünf Jahre währenden Boom werden wird. Aktien sind durch die fortwährende Hausse teurer geworden, die Konjunktur steht in der wichtigsten Volkswirtschaft der Welt, den Vereinigten Staaten, auf der Kippe und die sich wie ein Flächenbrand durch die Bankbilanzen fressende Finanzkrise ist noch lange nicht ausgestanden.

Ist es nun also angemessen, dem Aktienmarkt komplett den Rücken zu kehren? Nein, dazu sehe ich nicht die geringste Notwendigkeit. Ganz im Gegenteil: In jedem Kursrückgang liegt eine Chance für noch nicht investierte Anleger. Baissephasen, wie sie alle paar Jahre vorkommen, sind vollkommen normale und gesunde Zyklen, wobei noch nicht ausgemacht ist, ob eine längere Durststrecke vor der Tür steht.

Einem Stock Picker ist das Auf und Ab auf dem Börsenparkett sicher nicht egal, doch begreift er es nicht als Fluch, sondern als Herausforderung, der es sich zu stellen gilt. Jede Kursänderung ist zudem eine Medaille mit zwei Seiten: So sind fallende Notierungen auf der einen Seite das Leid des investierten Aktionärs und auf der anderen Seite die Freude des noch nicht investierten Anlegers, der geduldig auf eine günstige Einstiegschance wartet.

Marktbetrachtungen sind immer Momentaufnahmen. Wichtiger als die kurzfristige »Großwetterlage« auf dem Parkett ist der zeitlose Umgang mit dem Aktienmarkt. Die niemals endende Suche nach interessanten Anlagealternativen, nach unterbewerteten und günstigen Aktien.

Ich hoffe, die Lektüre dieses Buches wird Ihnen dabei helfen, Ihre Methoden des Stock Picking zu verfeinern, Zusammenhänge auf dem Parkett neu zu sehen und Ihre Begeisterung für die eigene Portfoliozusammensetzung weiter anzufachen. Ich wünsche Ihnen viel Erfolg bei Ihren Geschäften.

Ihr
Roger Peeters

Register

Das zählt an der Börse

Ken Fisher

Die Börse ist unvorhersehbar, kann aber dennoch geschlagen werden, wie die Kontostände einiger bekannter Investoren beweisen. Fisher belegt in seinem neuen Buch, dass dies nichts mit Glück zu tun hat, und zeigt, wie jeder Investor mit etwas Übung Marktwetten gewinnbringend abschließen kann. Dabei entlarvt er bekannte Marktmythen, auf denen viele unserer Investmententscheidungen basieren, und offenbart dem interessierten Leser sein »Erfolgsgeheimnis«.

Mehr Informationen auf www.portfoliojournal.de

447 Seiten, Hardcover; Preis € 34,90 (D); € 35,90 (A); sFr. 59,00; ISBN 978-3-89879-279-0

Fundamentale Analyse

Jack D. Schwager

Die Fundamentale Analyse geht präzise der Frage nach, warum es an den Märkten zu Kursveränderungen kommt. Was bewegt Aktien, Zinsen, Edelmetalle und Rohstoffe? Hier erfahren Sie, wie Sie mit den Daten von heute die Kurse von morgen konkret vorhersagen können! Sie halten ein massives Buch mit brillanten Detailinformationen in Händen, wie es noch keines zuvor gegeben hat: Extrem benutzerfreundlich zeigt Ihnen der Autor, welche Fundamentaldaten wirklich zählen und wie Sie die griffigsten Methoden der Fundamentalen Analyse in den tatsächlichen Entscheidungsprozeß Ihres Trading integrieren können. Lernen Sie alles Wissenswerte zur mächtigen Regressionsanalyse. Staunen Sie über die genialen Kapitel, in denen die Saisonalität verschiedener Märkte behandelt wird.

Mehr Informationen auf www.portfoliojournal.de

684 Seiten, Hardcover; Preis € 49,90 (D); € 51,30 (A); sFr. 76,00; ISBN 978-3-932114-04-5